你若安好，便是晴天

林徽因传

曹岚 编

陕西师范大学出版总社

图书代号:SK18N1665

图书在版编目(CIP)数据

你若安好,便是晴天:林徽因传/曹岚编. —西安:
陕西师范大学出版总社有限公司,2018.11
ISBN 978-7-5695-0398-2

Ⅰ.①你… Ⅱ.①曹… Ⅲ.①林徽因(1904—1955)
—传记 Ⅳ.①K826.16

中国版本图书馆 CIP 数据核字(2018)第 259902 号

你若安好,便是晴天:林徽因传
NI RUO ANHAO BIANSHI QINGTIAN LINHUIYIN ZHUAN
曹 岚 编

总 策 划	杨建峰
责任编辑	乔树雄　杨永胜
责任校对	乔树雄　王　进
装帧设计	松　雪
出版发行	陕西师范大学出版总社
	(西安市长安南路199号　邮编710062)
网　　址	http://www.snupg.com
印　　刷	天津兴湘印务有限公司
开　　本	880mm×1270mm　1/32
印　　张	8
字　　数	196 千
版　　次	2018 年 11 月第 1 版
印　　次	2018 年 11 月第 1 次印刷
书　　号	ISBN 978-7-5695-0398-2
定　　价	29.00 元

读者购书、书店添货或发现印装质量问题,请与本社营销部联系、调换。
电话:(029)85251257　传真:(029)85307636

前　言

她是林长民的女公子、梁启超的儿媳。她出身名门，天生丽质。她才情横溢，既是中国第一位女建筑学家，又是文学家。她一生中遇到三个男人，相守一生的建筑大师梁思成、为她写诗的徐志摩、因她终身未娶的哲学家金岳霖，他们都爱了她一生。她是美貌与智慧的完美结合，她的名字叫林徽因。

梁思成说：林徽因是个很特别的人，她的才华是多方面的，不管是文学、艺术、建筑乃至哲学，她都有很深的修养。她能作为一个严谨的科学工作者，和我一同到村野僻壤去调查古建筑、测量平面、爬梁上柱，做精确的分析比较；又能和徐志摩一起，用英语探讨英国古典文学或我国新诗创作。她具有哲学家的思维和高度概括事物的能力。

林徽因是文学家，她以业余作家的身份创作出了具有专业水准的文学作品，其范围涉及诗歌、散文、小说、戏剧各个领域。她一生写过几十首诗，在诗歌创作上有明显的新月诗风格，最具有代表性的诗作是《你是人间四月天》。

她是建筑学家，曾经帮助丈夫撰写《中国建筑史》。梁思成曾对学生说，自己著作中的那些点睛之笔，都是"她"给画上去的。她是国徽的主要设计者和人民英雄纪念碑的装饰花纹设计者，她主张保留北平（今北京）古城整体风貌，反对拆毁老城墙、城楼、牌坊等珍贵文物。

世间曾有林徽因，她的美貌让人艳羡，她的成就令人瞩目，她的爱情故事为世人津津乐道……很多女人都曾梦想做林徽因这样的女人，如她一样貌美，如她那般有气质，如她一样独立。

我们隔着时空看她，看她的爱情，她是新月诗人徐志摩心口永远的朱砂痣；是建筑学家梁思成捧在手心呵护的爱妻；又是哲学家金岳霖终生守候的女神。这样的女子，让徐志摩想了一辈子，让梁思成爱了一辈子，让金岳霖念了一辈子。

围绕在她身上的话题，从来就没有间断过。大多数人只看到她的光环，却不曾知道，她有一个寂寞的童年，她是一个怨妾的女儿，21岁时父亲去世。她的人生不长，生命中的一半时间都在和肺病做斗争，中年以后瘦得只剩下一把骨头。她可以风餐露宿，坐三等火车，住鸡毛小店，随夫出没于荒郊野外进行考察。她一生缺乏女性朋友，是有名的"刀子嘴，豆腐心"。

林徽因，不管她有多少光环和身份，她的一生都在争取一件事情——做自己，不取悦任何人。

做女人当如林徽因。

2018年7月

目 录

第一章　腹有诗书气自华
　　系出名门，丽质天成 / 002
　　父亲是孩子最好的导师 / 004
　　让孩子多阅世 / 008
　　腹有诗书气自华 / 014

第二章　在对的时间，遇见对的人
　　有缘千里来相会 / 018
　　偶尔交会的两片云 / 022
　　爱要有你才完美 / 025
　　在生活困境中牵手 / 028
　　蝴蝶飞不过沧海 / 031
　　一转身，一辈子 / 033

第三章　用一生去回答
　　嫁人是嫁给一个家庭 / 036
　　恋爱是求同存异的过程 / 038
　　爱要经得起考验 / 044

第四章　女人要自尊、自立、自强

永恒的女性，引领男人上升 / 054

事业是共同的语言 / 058

享得福也吃得苦 / 063

第五章　婚后也要有交际圈

做不成情人，还可以是朋友 / 086

有一种知己，叫蓝颜 / 089

谈笑有鸿儒，往来无白丁 / 092

提携年轻人 / 095

是朋友还是仇敌 / 100

第六章　女人的幸福离不开家

好女人是男人的学校 / 104

你给孩子什么 / 110

有福同享，有难同当 / 113

吃得苦中苦，方为人上人 / 123

第七章　朋友贵在知心
　　朋友一生一起走／136
　　友谊不分国界／144
　　八宝箱事件／156
　　每个女人都该有个男闺密／168

第八章　鞠躬尽瘁，死而后已
　　春蚕到死丝方尽／176
　　士为知己者用／195

第九章　生如夏花
　　做女人当如林徽因／214
　　一代才女／225

第十章　余音未了
　　用一生去回答／234
　　友达以上，恋人未满／240

第一章

腹有诗书自气华

系出名门，丽质天成

民国才女冰心、庐隐、苏雪林、凌淑华等，皆出身名门，林徽因亦如此。

1904年6月10日，林徽因出生于杭州陆官巷林家大院，一个官宦之家与书香门第完美结合的开明士绅家庭。祖父林孝恂清末进士出身，祖母游氏是真正的大家闺秀，父亲林长民是民国初期的政治家。

林徽因原名"林徽音"，是祖父采自《诗经·大雅·思齐》"思齐大任，文王之母。思媚周姜，京室之妇。大姒嗣徽音，则百斯男"。"徽音"即美音，寓意贞静之性、贤德之行。她是祖父长子的头生孩子，又是个女孩。老人的意思可能是要林徽因继承美德，再引出孙儿满堂吧。

林徽因容貌得自祖父母的遗传基因，她有神的双眸像祖父，漂亮的脸蛋像祖母。这样家庭的子女，从小既注重学养的修炼，又注重家国志向的培养，起点非同寻常，身上自然沿袭了儒雅优秀的血统。

书香在襟，文采在怀，林徽因的神韵，带着天生的印记，又有后天的习得。无论如何，都连着她那值得称道的家世和门风。

两岁时，父亲林长民游学日本，尚是幼童的她便跟着祖父生活在杭州的大家庭里。相伴的是思想开明、满腹经纶的翰林祖父。8

岁时，林徽因跟随祖父移居上海。10岁时，她又跟着祖父进京，来到林长民身边。从南方到北方，开阔了林徽因的胸襟，调养了林徽因的气质，她的身上渐渐形成了北方女子的大气与南方女子的灵秀。

闽侯林氏是望族，追根溯源，始于晋招远将军、合浦太守林禄。东晋大宁三年（325年），林禄奉命守晋安郡，由江苏徐州下邳迁居晋安（福州），为八闽林氏始祖。第十一世孙林智通，唐武德初（618年）居吴航，是长乐林氏初祖。"五子登科"为其后嗣隆重上演，时人谓之"海滨科第破天荒"，懿宗皇帝赐其所居曰："芳桂乡大宏里。"

长乐林氏家族枝繁叶茂，英才辈出，出过一代名儒林慎思，历代亦有百余人科举登进士第。南宋绍兴初（1131年），林慎思十世孙林巎，迁居福州城内南后街，为后街林氏始祖。其三世孙林岊在知汀州时，注重办学兴教，与各县士子讲订《诗》《书》，林氏子弟多入学读书，遂形成仕宦世家。

林孝恂祖父林振高（字崧甫），于清道光二十二年（1842年）任本省上杭县学训导。

林孝恂这一支已经式微沦为布衣。

林孝恂的开明还惠及嫡系以外的后辈，入杭州家塾启蒙的除自身儿女，并有老家福建的侄儿，其中不乏出类拔萃者，如以《与妻书》凛然殉道的林觉民，与林觉民一起为黄花岗七十二烈士之一的林尹民，前仆后继组织起义光复福建的林肇民。

林觉民的绝笔《与妻书》，缠绵凄婉，为千古绝唱。信末，林觉民嘱咐妻子，"家中诸母皆通文，有不解处，望请其指教"。

父亲是孩子最好的导师

母亲的作用是给予孩子一种生活上的安全感，而父亲的任务是指导孩子正视他将来会遇到的种种困难。父亲是教育孩子，向孩子指出通往世界之路的人。父爱应该使孩子对自身的力量和能力产生越来越大的自信心，最后能使孩子成为自己的主人，从而能够脱离父亲的权威。

林徽因是林家长女，虽处于优越的家境中，但因父亲时常在外，已然早早懂事，是一个有主见、独立的孩子。

如今介绍林长民，往往说成"林徽因的父亲"，而当年提到林徽因，则要说成"林长民女儿"。林徽因有一个优秀的父亲，五四运动时期是林长民一生最光彩的时刻。他一生献于争取、建设宪制。周恩来曾说北洋政府里有好人，指的正是林长民。父女之间有一个很大的共同点，那就是有一颗炽热的爱国心。

林长民，1876年7月16日生于杭州。关于形貌，被誉为"晚近掌故史料之巨擘"的徐一士曾评说道："（他）躯干短小，而英发之慨呈于眉宇。貌癯而气腴，美髯飘动，益形其精神之健旺，言语则简括有力。"想来，应当是极有正气的男子。

林长民小时候在家塾中读书。光绪二十三年（1897年）考取秀才。1901年与林纾、魏易等主编《译林》。1903年，译成《西方东侵史》。

1906年，赴日留学，不久回杭州，在杭州东文学校学习英文和日文，毕业后再赴日本。入早稻田大学的林长民，攻读政治、法律，被选为留日福建同学会会长。才识兼备的林长民注重广结政界显要，认为但凡"政治家须有容人的雅量，中国前途不可知，尤须联络异己，为沟通将来政治之助"。他结交了名流犬养毅、尾崎行雄，也熟识中国名人张謇、岑春煊；与汤化龙、孙洪尹、刘崇佑、徐佛苏等留日的立宪派志士订为深交；也结交君宪派的杨度、同盟会的宋教仁。林长民给自己的定位是做政治家，所以要有"容人的雅量"。

宣统元年（1909年），林长民学成回国，投身宪制运动。由聚在上海的各省咨议局公推为书记，组织请愿同志会要求清皇朝召开国会。1910年，林长民与留日同学刘崇佑创办了福州私立法政学堂，担任校长，希望通过启发民智，改造国民，振兴国家，富国强民。

武昌起义爆发后，林长民把法政学堂交给别人管理，自己奔走于上海、南京、北京等地，宣传革命。他发起组织了"共和建设讨论会"，拥戴流亡日本的梁启超为领袖，并促他回国。

林长民在上海《申报》报馆工作时，被举为福建代表，与浙江代表屈映光同往南京，在下关车站遇刺，幸而脱险。

1912年，林长民代表福建参与临时约法的议订。中华民国临时政府成立时，林长民先后担任临时参议院秘书长、众议院秘书长兼宪法起草委员等职务。

1917年，林长民在段祺瑞内阁任职司法总长，在任3个月，虽为期甚短却名盛一时。林长民在司法总长任上与梁启超同僚，后者任财政总长。两位总长意气相投，携手鼎力推动宪政运动，是政坛"研究系"的两柱顶梁。

章士钊很佩服林长民，称赞说："长处在善于了解，万物万事，一落此君之眼，无不涣然。总而言之，人生之秘，吾阅人多矣，惟宗孟参得最透，故凡与宗孟计事，决不至搔不着痒，言情，尤无曲不到，真安琪儿也。"

拥护袁世凯称帝的军阀张镇芳，为逃避治罪，贿赂林长民十万巨款以谋特赦。林长民断然拒绝，由此摔下乌纱。他很为自己的正气自得，治了一枚闲章，名曰"三月司寇"。

1918年10月，徐世昌任大总统，林长民为总统府外交委员会委员兼事务长。1919年2月12日国际联盟同志会成立后，任总务干事、国民外交协会理事。

林长民始终有强烈的民族感情。民国军阀混战的乱世，你方唱罢我登场，林长民的正义感却从未更改。他的爱国，不是出于对哪一个政权的好感，而是出于纯真的民族感情。

1919年4月，巴黎和会外交失败，正在巴黎的梁启超用电报快速告知国内的外交委员会成员暨事务主任林长民，日本将继德国仍享有霸占青岛的特权。林长民连夜赶写《外交警报敬告国民》，登上5月2日的《晨报》《国民公报》，振臂疾呼："胶州亡矣，山东亡矣！国不国矣！""国亡无日，愿合四万万民众誓死图之！"并将消息通知北京大学校长蔡元培。

蔡元培当即转告北大学生傅斯年、罗家伦和许德珩等。一时间万众响应，怒潮汹涌。5月4日下午，北京12所学校的3000多名爱国学生大规模游行示威，并火烧赵家楼曹汝霖住宅，痛殴章宗祥。

徐世昌疑林长民即学生运动的幕后主使，对其严加训斥，加之日本公使频频施压，25日，林长民被迫辞职。

林长民兼具识见和才干，却不谙宦海门道，书生意气，无法立身于狡诈多变的政坛。

要说父亲对女儿的最大影响之一，就是林徽因一生未从政。

如果林长民不用全力以赴投身政治，他极可能成为建树突出的作家，或书法家。

林长民有许多文化圈的朋友，梁启超、张奚若、陈西滢、金岳霖、吴经熊，他们很多都是跨界的才子，划时代的精英。在伦敦的那段日子，他更是与英国文艺圈的名流往来，著名史学家威尔斯、大小说家哈代、美女作家曼殊斐儿、新派文学理论家福斯特等人都是他的座上客。

他的文学作品很少，只有一些新旧体诗歌，很难搜寻。文章多是涉及政事的论说，亦文采斐然。

如此看来，林徽因多才多艺是深得父亲的遗传。

他艺术禀赋过人，书写的"新华门"匾额，至今悬于长安街。这块匾额该是他晚年的墨迹。

在林长民死后，徐志摩曾做一篇感情沉痛的悼文。在文中，他详细地谈到了对林长民的认识、敬佩，以及二人真挚深厚的友谊，一种"人生得一知己足矣"的感慨，让人唏嘘不已。

让孩子多阅世

林徽因三四岁寄居上海外婆家时，年轻的舅舅常在领了工资的周末带她去最高级的红房子餐厅吃西餐，去淮海路照相，去看最新潮的立体电影。长辈责怪他为个小孩子乱花钱，他说，女孩子就要见世面，不然将来一块蛋糕就把她哄走了。如果家境好，不妨让女儿多见识繁华世界，眼界的开阔让女孩更聪明。如果没条件，那么让她多看书，一本好书能让女儿发现外面的世界多精彩。

挫折是成长过程中的必需品。大海里没有礁石激不起浪花，生活中经不住挫折成不了强者。童年的境遇对人日后的性格有很大影响。林徽因亦是。徽因的个人才智、家庭环境、社会地位、教育背景令人羡慕，她本该是一个不谙世事、快乐无忧的少女，但儿时所经历的家庭生活影响了她的一生，促使她很早懂事。

很多人所经历的一切，都可以在童年里找到它的影子。童年的种种在生命中留下了深刻的记忆，也深深地影响到一个人日后的性格和对人生的态度。

梁从诫说："我的外祖父林长民（宗孟）出身仕宦之家，几个姊妹也都能诗文，善书法。外祖父留学日本，英文也很好，在当时也是一位新派人物。但是他同外祖母的婚姻却是家庭包办的一个不幸的结合。外祖母虽然容貌端正，却是一位没有受过教育的、不识字的旧式妇女，因为出自有钱的商人家庭，所以也不善女红和持家，因而既得不到丈夫，也得不到婆婆的欢心。婚后八年，才生下第一个孩子——一个美丽、聪颖的女儿。这个女儿虽然立即受到全家的珍爱，但外祖母的处境却并未因此改善。外祖父不久又娶了一房夫人，外祖母从此更受冷遇，实际上过着与丈夫分居的孤单的生活。母亲从小生活在这样的家庭之中，常常使她感到困惑和悲伤。童年的境遇对母亲后来的性格是有影响的。她爱父亲，却恨他对自己母亲的无情；她爱自己的母亲，却又恨她不争气；她以长姊真挚的感情，爱着几个异母的弟妹，然而，那个半封建家庭中扭曲了的人际关系却在精神上深深地伤害过她。可能是由于这一切，她后来的一生中很少表现出三从四德式的温顺，却不断地在追求人格上的独立和自由。"

关于童年，林徽因有一段痛苦的记忆，因为母亲何雪媛得不到父亲的宠爱。也许上帝是公平的，给了她一个优秀的父亲，所以才安排了一个平凡的母亲。

何雪媛14岁的时候嫁给了林长民。林长民的原配是同籍门当户对的叶氏，系指腹为婚，缺少感情。叶氏病逝得早，没有留下儿女。

何雪媛进林府做继室无异原配，本值得庆幸。何氏来自浙江小城嘉兴，其父开了个小作坊，她属于典型的小家碧玉。家境殷实，她又仗着排行最小，于是有着此类女孩子常有的任性。她是文盲，却嫁进了书香门第。婆婆知书达理，妯娌姑嫂皆谈吐不俗。婆媳间素养悬殊不言而喻。

她结婚8年后为林长民生下长女林徽因，后还生过一男一女，但接连夭折。这样的女人，自然也就得不到公婆和丈夫的喜欢。

1912年，这家人又搬到北京。父亲在几届政府中升迁到很高的官位。然而，这段时期他却面临一个苦恼：没有子嗣来继承香火。

中国人把婚姻看作一个家庭的事务，倘婚姻不顺利，他们准许娶妾。这至少可以使家庭保全为一社会的单位。明朝的法律明白规定：凡男子年满四十而无后嗣者得娶妾。

坚持以男性为中心的嗣续观念，也是鼓励娶妾之一大主因。辜鸿铭曾经辩护过多妻制度，他说："你们见过一把茶壶配上四只茶杯，但是可曾见过一只茶杯配上四把茶壶吗？"

林长民娶了上海女子程桂林，林徽因叫她二娘。二娘也没有什么文化，却性情乖巧，接连生了一个女儿和四个儿子。丈夫便沉湎于"桂林一枝室"而冷落了何氏。

二姨太和她的孩子们占了北京家里宽敞的前院，前院洋溢着孩子们的喧闹嬉笑声，徽因却陪母亲住在后头的小院子里。徽因的母亲对二姨太满怀嫉妒。二姨太生了四个儿子，因此取代她的地位她无话可说，可是父亲宠爱姨太太，且毫不掩饰他的情感，徽因的母亲承受不了这份羞辱。那长年的怨怼隐隐地变成无可表白的恨。

林徽因所以早熟，除了由于聪慧，主要应该归于几乎是遭遗弃的母亲给她心理蒙上的阴影。纵然她自己深得父亲以及其他长辈的宠爱，但是，当受宠之后回到冷落的后院，面对母亲阴沉怨愤的神情，她不得不过早地体会世态的阴暗。

父亲与母亲长期分居，父亲很少到母亲的后院里来，倒是徽因常常喜欢到前院去与弟弟妹妹玩耍。这令母亲大为不快，为此常常责备训斥徽因，让徽因左右为难。

小小年纪的徽因，内心却背负了许多沉重。她既要在祖母和父亲面前做一个聪慧玲珑的小才女，又要在母亲身边做一个温驯听话的乖女儿。

何雪媛是爱林徽因的。可是，就像对待她的婚姻一样，她对女儿的爱也是方式有误。她心有怨艾，心有不甘，渴望与丈夫交流，亦渴望在女儿身上得到情感的补偿,却终究只是进行着一次又一次的争吵与抱怨。结果,便只能让她离他们父女越来越远。

多年以后,林徽因发表了小说《绣绣》,写了一个哀婉的故事:漂亮乖巧的女孩绣绣生活在一个不幸的家庭,母亲没有文化,懦弱狭隘,父亲新娶了新姨娘,生了好多小孩,绣绣每天都在父母不尽的争吵中度日、挣扎,没有温暖的亲情,只能在矛盾和仇恨之间生存,后来因为疾病而死去。

林徽因在小说中形容绣绣的妈妈是个"极懦弱无能的女人",绣绣爸爸是个很阔绰的人物,"同当时许多父亲一样,他另有家眷住在别处的。绣绣同她妈妈母女两人早就寄住在这张家亲戚楼下两小间屋子里,好像被忘记了的孤寡"。

绣绣病了的时候,她爸爸有去探望,停留了一个极短的时间,但"不堪忍受绣绣妈的一堆存积下的埋怨,他还发气狠心地把她们母女反申斥了、教训了,也可以说是辱骂了一顿。悻悻的他留下一点钱就自己走掉,声明以后再也不来看她们了"。

"绣绣对她的妈妈抱有同情,但她妈妈只听到绣绣对她一时气愤的埋怨,因此便借题发挥起来,夸张着自己的委屈,向女儿哭闹,谩骂"。

绣绣的妈妈"怨着丈夫遗弃,克扣她钱,不顾旧情,另有所恋,不管她同孩子两人的生活,在外同那女人浪费"。绣绣的爸爸说他妻子"不识大体,不会做人,他没有法子改良她,他只好提另再娶能温顺着他的女人另外过活"。

这世界上许多纠纷不仅让绣绣迷惑,也让林徽因迷惑。小说结尾处以绣绣的小朋友"我"的口吻写道:"我对绣绣的父母真是恨透了,恨不得要同他们说理,把我所看到各种的情形全盘不平地倾吐出来,叫他们醒悟,乃至于使他们悔过,却始终因自己年纪太小，他们情形太严重，拿不起力量，懦弱地抑制下来。但是当我咬着牙毒恨他们时，我偶然回头看到我的小朋友就坐在那里，眼睛无可奈何地向着一面，无目的愣着，忽然使我起一种很奇怪的感觉。我悟到此刻在我看去无疑问的两个可憎可恨的人，却是那温柔和平绣绣的父母。我很明白即使绣绣此刻也有点恨他们，但是缔结在绣绣温婉的心底的，对这两人到底仍是那不可思议的深爱！"

虽然这篇小说是虚构的，但它正是林徽因真实生活的一个缩影，反映了少女林徽因的心情。读者不难从小说中绣绣形象看到林徽因对她母亲的复杂情感。

她曾说："早年的家庭战争已使我受到了永久的创伤。"可见，这"创伤"对她来说是刻骨铭心的，甚至影响了她的一生。

林徽因的挚友费慰梅曾回忆："她的早熟使家中的亲戚把她当成一个成人而因此骗走了她的童年。"

旧式大家庭里常因为人多嘴杂，彼此之间堆满了猜忌和嫌怨。往往养成人们尖酸刻薄，睚眦必报的习惯。

林家的血统，良好的教养，让林徽因一直存有一颗善良的心。她一直都爱着她的父亲，她理解、同情母亲；她以长姊真挚的感情，爱着几个异母的弟妹。

12岁那年的夏天，父亲因公务住在北京，林徽因和母亲、二娘、弟妹居天津，二娘生病了却又不愿意住院，父亲在北京焦急又不能赶回来，只好叫长女每天写信报告情况。过了几天，不到1岁的弟弟林桓突然也生病了，虽然孩子的病来得快，去得也快，很快就痊愈了。但是病愈的孩子总是娇气的，动不动就大哭，这哭声经过深夜的渲染，简直像高音喇叭，吵醒了两岁的妹妹燕玉，她也比赛似的哇哇大哭起来，小小的院落里面哭声此起彼伏，经久不歇。病中的二娘有心无力，母亲装睡，可恶的保姆居然真的酣然入梦，浑然不觉。林徽因忙碌了一天，眼皮已经在打架了，她希望保姆能够起身，但是足足过去半个时辰，保姆竟然还在酣睡，林徽因只好下床披衣，抱起弟弟林桓，在走廊上拍打着他，给他唱歌，这个小家伙好像很享受姐姐的怀抱，居然过了一个多小时才睡去。

　　第二天一大早，昨晚的事情就在林府中传开了。丫鬟仆妇无不赞叹大小姐宅心仁厚。事实上，这位大小姐不仅仁厚，而且十分能干。在林徽因7岁和10岁的时候，老太太和老太爷相继过世，老爷常年在外，大姨太一直不管事，二姨太弱不禁风，和老爷书信往来、伺候两位姨太太、照应几个幼儿，乃至搬家打点行李，家里的大小事情，竟都是这十一二岁的大小姐承担起来了。人说穷人的孩子早当家，这富裕人家的大小姐也有早当家的，老爷疼这位大小姐不是没有道理的。

　　长大以后，何氏对丈夫和姨太太的怨愤，像中国许多女性一样，迁怒到姨太太的子女身上。异母弟林恒从福建到北京投考清华大学，寄住姐姐家。林徽因待他亲如同胞，何氏却不肯释怀，常常与林恒起着无谓的鸡毛蒜皮纠纷。林徽因致好友费慰梅信中抱怨："最近三天我自己的妈妈把我赶进了人间地狱。我并没有夸大其词。头一天我就发现我的妈妈有些没气力。家里弥漫着不祥的气氛，我不得不跟我的同父异母弟弟讲述过去的事，试图维持现有的亲密接触。晚上就寝的时候已精疲力竭，差不多希望我自己死掉或者根本没有降生在这样一个家庭……那早年的争斗对我的伤害是如此持久，它的任何部分只要重现，我就只能沉溺在过去的不幸之中。"

　　"和气可以致祥"，如要使自己生活愉快祥和，就不要忘记"和气"二字。

腹有诗书气自华

林徽因在杭州度过了她的童年。8岁移居上海。10岁迁居北京。12岁迁居天津,随后举家返京。16岁随父去伦敦游学。17岁回到北京。

林徽因随着父亲的升迁等原因,不停迁徙,由南到北,由国内而到国外,接受南北文化的差异和中西方文化的冲撞,视野和见识自然不一样。在这样的成长过程中,林徽因品味孤独,越发独立,开始很好地融入了当地生活。

女作家毕淑敏认为:"淑女必书女。"

每天抽出一小部分时间来看看书,可以使我们保持头脑的清醒和思想的灵活。古诗中有"问渠那得清如许,为有源头活水来"。我们的思想需要源头活水,而这源头活水有一大部分是来自读书。天天读点有益的书,对精神有滋补作用,而我们的言谈举止就不至于"无味"和"可憎"了。

林徽因的祖父、父亲都是当时的有识之士,他们在男孩女孩的教育问题上,持男女平等的观念。虽然女孩将来要嫁人,但学习知识同等重要,因此林徽因与表姐们的学习绝不像当时一般家庭的女子只是应付,而是接受了系统扎实的正规教育。

父亲在小徽因的心中,就是一个长年不在家的人,而父亲一词的含义就是那一封封从遥远国度寄来的信件里的最后一句写给自己的问候。

她曾在散文《一片阳光》中记录着自己年幼时的孤寂与苦闷:

> 这里要说到我最初认识的一片阳光。那年我六岁,记得是刚刚出了水珠以后——水珠即寻常水痘,不过我家乡的话叫它水珠。当时我很喜欢那美丽的名字,忘却它是一种病,因而也觉到一种神秘的骄傲。只要人到我窗口问问:"出水珠么?"我就感到一种荣耀。那个感觉至今还印在脑子里。也为这个缘故,我还记得病中奢侈的愉悦心情。虽然同其他多次的害病一样,那次我仍然是孤独地被囚禁在一间房屋里休养的。那是我们老宅子里最后的一间房子,白粉墙围着小小院子,北面一排三间,当中夹着一个开敞的厅堂。我病在东头娘的卧室里。西头是婶婶的住房。娘同婶永远要在祖母的前院里行使她们女人们的职务的,于是我常是这三间房屋唯一留守的主人。

父亲不在身边,母亲无学识,于是,林徽因的启蒙教育就落在了她的大姑母身上,即便是大姑母出嫁后,也依然常年住在娘家。

林徽因的异母弟弟林暄曾在回忆中写道:"林徽因生长在这个书香家庭,受到严格的教育。父亲不在时,由大姑母督促。大姑母比父亲大三岁,为人忠厚和蔼,对我们姊兄弟亲胜生母。"

大姑母林泽民自小接受正统的私塾教育,诗书辞赋、词画琴棋都颇有造诣。年纪幼小的林徽因有这样一位启蒙老师,是她文学道路上最初的福分,在大姑母的悉心培育下,林徽因开始与文学结缘。

姑母经常夸奖她聪明灵秀。在一起读书的几个姐妹中,林徽因是年龄最小、最贪玩的孩子，上课的时候也不注意听讲，溜号更是家常便饭，可是聪慧伶俐的她即便如此，却还依旧是背书背得最好最快的那一个。

作为一个大家闺秀，林徽因从小接受到的就是最好的教育。

1916年，林长民全家开始定居北京，家里把她和三位表姐都送进了培华女子中学，接受西式教育。

培华女中是英国教会办的贵族学校，教风谨严而得法，日常教学一般以中英文并进为宗旨，她出色的英语水平即起步于此。

学校有严格的校规，学生平时住校，星期天才可以回家。

"读西书，明外事，擅文才"的办学理论，契合了林徽因的自身气质，这为徽因后来游学伦敦和留学美国打下了扎实基础。

林徽因说过，她是受双文化教育长大的，因此，英语在她不是一种语言"工具"，而是一种内在思维和表达方式，一种灵感、一个完整的文化世界。

林徽因在英文方面的修养也是她多才多艺的一个突出表现。美国学者费正清夫妇1979年来访时曾对梁从诫说："你妈妈的英文，常常使我们这些以英语为母语的人都感到羡慕。你父亲所写的英文版《图像中国建筑史》的前言部分，就大半出自你母亲的手笔。我记得五十年代初，她还试图用英文为汉武帝写一个传，而且已经开了头，但后来大概是一个未能完成的项目。"

多年以后，徐志摩的第一位妻子张幼仪回忆过去自己的不幸婚姻时，不无感慨地说，假如她也能受到像林徽因那样的教育该多好，那样的话，也许徐志摩就不会看不起她。因此那个时代一个女子能够受到最好的教育并不是一件容易的事，徽因在那个时代的女子中是最幸运的，因为她有开明的父辈，受到了最好的教育，得以成为那个时代的佼佼者。

第二章

在对的时间,遇见对的人

有缘千里来相会

梁家与林家交好。梁启超与林长民皆有过在日本留学的背景，且都在革命后的北京政府担任要职。

交往密切的父辈，有意结为儿女亲家。但梁启超并不想单方面做主儿子的婚姻，因此仍主张自由恋爱。对于儿女婚姻的态度，他极为民主，事后他在《致梁思顺等信》（梁思顺，即梁启超长女）中说："我对于你们的婚姻得意得了不得，我觉得我的方法好极了，由我留心观察看定一个人，给你们介绍，最后的决定在你们自己，我想这真是理想的婚姻制度。"

得到父亲示意与指引，梁思成去见了林徽因。这一年是1918年，初相遇，林徽因14岁，梁思成17岁，"相见已留心"。

关于林徽因和梁思成的第一次见面，梁思成的女儿梁再冰在《回忆我的父亲》中这样写道：父亲大约17岁时，有一天，祖父要父亲到他的老朋友林长民家里去见见他的女儿林徽因。父亲明白祖父的用意，虽然他还很年轻，并不急于谈恋爱，但他仍从南长街的梁家来到景山附近的林家。在"林叔"的书房里，父亲暗自猜想，按照当时的时尚，这位林小姐的打扮大概是：绸缎衫裤，梳一条油光光的大辫子。不知怎的，他感到有些不自在。门开了，年仅14岁的林徽因走进房来。父亲看到的是一个亭亭玉立却仍带稚气的小姑娘，梳两条小辫，双眸清亮有神采，五官精致有雕琢之美，左颊有笑靥，浅色半袖短衫罩在长仅及膝下的黑色绸裙上。她翩然转身告辞时，飘逸如一个小仙子，给父亲留下了极深刻的印象。

梁思成不太擅言辞，还有一些拘谨和紧张。林徽因倒是落落大方，虽然面容未脱稚气，但谈吐举止却很是得当。

1921年11月，结束一年半旅欧生活的林家父女回到北京。不久，位于雪池胡同的林家开始多了一位常客，他就是梁启超的长子梁思成。

梁思成虽然没有浪漫的诗意，但是一直敦厚地守护在林徽因的身边。

多年以后，林徽因对林洙说了她和梁思成逛太庙的故事：

"那时我才十七八岁，第一次和思成出去玩，我摆出一副少女的矜持。想不到刚进太庙一会儿，他就不见了。忽然听到有人叫我，抬头一看，原来他爬到树上去了，把我一个人丢在下面，真把我气坏了。"

回忆这情景时，梁思成也在现场，林洙还记录道：我回头看看梁先生，他正挑起眉毛，调皮地一笑说："可是你还是嫁给了那个傻小子。"他们都笑了，我也早已笑得前仰后合。梁先生深情地望着她，握着她的一只手，轻轻地抚弄着。

读万卷书，不如行万里路，作为父亲，林长民一直为女儿创造条件，去见识这个世界。

梁思成、林徽因的中学时光，正是父辈们沉浮于狂涛骇浪之时。五四运动的直接促发者正是这两位父亲——梁启超和林长民。林徽因的成长道路，也被"五四"这一天改写。父亲林长民因其"点火"行为，辞去外交委员会委员一职，被安排作为国际联盟观察员，在1920年赴欧洲考察。

林徽因是父亲最喜欢、最疼爱的孩子。林长民决定携林徽因同行。 临走之前，林长民明确告诉女儿："我此次远游携汝同行。第一要汝多观察诸国事物增长见识。 第二要汝近我身边能领悟我的胸次怀抱……第三要汝暂时离去家庭烦琐生活，俾得扩大眼光，养成将来改良社会的见解与能力。"

林长民对于女儿有很大的期望，这次带林徽因远游，主要目的是增长见识，接受更好的熏陶和教育，其次才是避开家庭纷争。 他带着林徽因旅居国外一年半，这正是中国最传统的教育方式之一——游学。

4月初，父女由上海登上法国邮船，船行到地中海，5月4日那天，同船赴法勤工俭学的一百余名学生举行"五四运动纪念会"，林长民和王光祈发表演讲。 林长民说："吾人赴外国，复宜切实考察。 若预料中国将来必害与欧洲同样之病，与其毒深然后暴发，不如种痘，促其早日发现，以便医治。 鄙人亦愿前往欧洲，以从诸君之后，改造中国。"林长民的志愿亦即他对女儿的期望，她再次领会父亲携女儿出国的初衷。 林徽因置身政治性社会活动，此是有文字可据的第一次。

5月7日，邮船抵达法国，父女转道去英国伦敦，先暂时住入波特兰，后租阿门二十七号民房定居下来，8月上旬林徽因随父亲漫游了欧洲大陆。 瑞士的湖光山色，比利时的钻石和动物园，法国的灿烂文化以及德国历经第一次世界大战满目的战火遗迹，都让她感到惊奇。

除此之外，他还带着女儿参观了每一处的文化古迹。 不同的风土人情与社会文化，给林徽因留下了不一样的感觉，对一切新鲜事物都充满好奇的林徽因饶有兴趣地游览着各地的自然风物、民族风情，这让自己极大地开阔了视野。 甚至是林徽因没有兴趣的工厂和报馆，林长民也带着她去参观了。 对于这样的做法，林长民还是有自己的考虑的，他始终认为这是西方资本主义比中国发达的地方，对于别人的优点，我们还是要吸取的，这样便可以作为日后改良的参考。

看过了法国巴黎的浪漫风情，去过历史上显赫一时的古罗马帝国，领略过欧洲城堡建筑的艺术与华丽，徽因真切地感受到世界的宽大，她就再也不能停止对建筑艺术的追求。

1920年9月，林徽因与父亲回到伦敦。随后，她即以优秀的成绩，考入爱丁堡的圣玛丽学院学习。自此，开始长达近两年的英伦生活。林长民为徽因雇了两名教师，专门辅导她的英语和钢琴。先天的聪颖与后天的培养，让她的英文水平突飞猛进，还能写得一手流利优美的英语文章。

英语教师菲利普，为人朴实忠厚。菲利普母女一起住在林长民寓所，她们很快成了林徽因信赖喜爱的朋友。友谊由菲利普延及其亲友，得到了童年少有的欢乐。

菲利普姻戚克柏利经营一家糖果厂，林徽因不时得到他的可可糖，前后吃了不下三个木箱。满口的可可余香，多年后林徽因仍心生念念。

另有一位柏烈特医生，生有五个女儿，她们都很喜欢林徽因。1921年夏，林徽因随柏烈特全家往英岛南部海边避暑，一个多月里差不多天天下海游泳，过得天真有趣。

在伦敦，林徽因确立了献身建筑学的志愿。父亲的房东是位女建筑师，林徽因从她那里领悟到了建筑的魅力。她渐渐明白，房子不仅遮风避雨，而且蕴涵着艺术意味。

林长民交友甚广，时常有中国同胞和外国友人来访。林长民忙碌于国联事务，常常顾不上林徽因。林徽因成了父亲伦敦客厅的女主人，这种社交活动对她的影响，显然和正规教育同等重要。

她所结识的是一批中外精英人物，著名史学家威尔斯、大小说家哈代、美女作家曼斯菲尔德、新派文学理论家福斯特以及旅居欧洲的张奚若、陈西滢、金岳霖、吴经熊、张君劢、聂云台……

偶尔交会的两片云

缘分真的好奇妙。有缘的人，无论相隔千万之遥，终会相遇在人间。无缘的人，纵是近在咫尺，也恍如陌路。

1920年10月，徐志摩在美国哥伦比亚大学完成硕士学业，来到伦敦。

徐志摩来到英国是为了投入哲学家罗素门下，然而遗憾的是，等他来到剑桥，罗素已经被学校除名了。

他为了结识狄更生先生，故拜访了林长民。之后与林长民相见恨晚，更结识了林徽因，这个让他爱慕终生的美丽才女。徐志摩比林徽因年长8岁，那一年，他24岁，她16岁。

张奚若当时也在英国留学，林长民来到英国后，徐志摩约上张奚若一起去林的住处看望。后来张奚若跟梁从诫说过：你妈妈在伦敦第一次见了我跟徐志摩，差点给我们叫叔叔呢。

徐志摩比林徽因大了8岁，徐志摩是梁启超的门生，林长民是梁启超的朋友，年龄又相近，叫叔叔没什么奇怪的。看林长民那时给徐志摩的信，也是以兄弟相称的。

关于第一次见面，林徽因在《悼志摩》中说："我初次遇到他，也就是他初次认识影响他迁学的狄更生先生。"

徐志摩和林徽因聊雪莱、济慈、拜伦、曼殊斐儿和伍尔芙等作家。他们的投缘也许还有着他乡遇故知的情结，林徽因生于浙江杭州，徐志摩是浙江海宁人。

在伦敦，徐志摩与林长民相谈甚欢，彼此都有相见恨晚之感，很快成为无话不谈的忘年交。从此，徐志摩成为林家的常客，一有空就跑去找他的老朋友聊天。

林长民告诉徐志摩，他在留日期间曾经爱上一个日本女孩，并向他倾诉自己对婚姻的感受。徐志摩则向他讲述留美的经历、对学业的厌倦，等等。这种忘年的友谊在短短的时间内突飞猛进，甚至发展到二人互通"情书"的地步。徐志摩扮一个有夫之妇，林长民则扮一个有妇之夫，假设两人在不自由的情况下相爱，只能互通书信倾诉绵绵情意。

1925年冬林长民去世后，徐志摩当时正在主编《晨报副刊》，曾将林长民的一封信发表，还加了按语说明是怎么回事。可以说，林长民的浪漫才情进一步激发了徐志摩内心的激情，使他更加开放、活跃。

16岁花季，林徽因遇上像徐志摩这样的青年才俊。而此时的徐志摩已婚，并且是2岁孩子的父亲。他有一个名叫张幼仪的妻子，是上海宝山巨富张润之的次女。一直追求理想人生、争取婚恋自由的徐志摩，根本就不爱妻子张幼仪。他遵从家人意愿娶了从未谋面的张幼仪，徐志摩认为没有恋爱的婚姻是坟墓，他时刻都想结束这个错误，而力求获得重生。

这年冬天，张幼仪来到英国，与徐志摩居住在离剑桥不远的乡下沙士顿。对于这段生活，张幼仪说："我来英国的目的本来是要夫唱妇随，学些西方学问的，没想到做的尽是清房子、洗衣服、买吃的和煮东西这些事。""他的心思飞到别处去了。放在书本文学、东西文化上面。""我没法子让徐志摩了解我是谁，他根本不和我说话……我和自己的丈夫在一起的时候。情况总是：'你懂什么？''你能说什么？'"张幼仪说。他们结婚以来夫妻之间很少说话，关系冷漠。徐志摩说她是"乡下土包子"，"观念守旧，没受教育"，甚至曾对她说过要成为"中国第一个离婚的男人"。沉稳柔婉、性格内敛、主要接受传统教育的张幼仪，难以吸引天性浪漫天真、自由开放、受到中西两种文化熏陶的徐志摩，而且，徐志摩对张幼仪的成见从一开始便有，这种成见顽固地阻止他对张幼仪做进一步的了解。因而，尽管张幼仪试着做种种努力，精心料理好家庭生活，但始终得不到徐志摩的认可。到了1921年的春天，他们这种本来就冷漠的关系更是遇到了前所未有的危机。

徐志摩十分欣赏这个出生在旧时代，却拥有着新女性才学的小姑娘，林徽因的端庄、秀丽、风采，更让这位浑身洋溢着浪漫情怀的诗人难以自禁。

伦敦邂逅，像是忽然吹来"一阵奇异的风"，16岁的少女被诗人引入英国文学的殿堂，热爱上雪莱、拜伦、济慈这些文学巨匠。

流年似水，太过匆匆，可惜的是，一些故事来不及真正开始，就被写成了昨天；一些人还没有相爱，就成了过客。

1921年10月，林长民带着林徽因回国，与徐志摩不告而别。

岁月苍茫，真的可以安然无恙吗？

有多少人能够做到决绝转身，而没有丝毫心痛、丝毫遗憾。

或许，她的离开是因为她的善良，她不想伤害一个无辜的女人。林徽因比任何人都明白，徐志摩的妻子张幼仪是一个温良女子，她安分守在老家，侍奉公婆，平凡生养。对于丈夫背叛，她无怨悔，后来为了徐志摩漂洋过海，又受尽他无情的冷落。

那时候，徐志摩和林长民是挚友。林长民欣赏他骨子里浪漫的诗情，但作为林徽因的父亲，他知道徐志摩已是有妇之夫，况他和好友梁启超有过口头之约，曾想过将林徽因许配给梁思成。徐志摩并不适合做一个丈夫，诗人的天性让他只想追求一段浪漫的爱情，而根本没有考虑过徽因的声誉与前途。

徽因那时只有16岁，如果和一个已婚男人恋爱，并使得他抛妻弃子，可想而知，会招致怎样的骂名。

爱要有你才完美

得之我幸，不得我命。

1922年秋，徐志摩匆匆结束学业，由伦敦归国。

在南方家乡和上海等地稍事停顿后，徐志摩于12月来到北京。

徐志摩一到北京，便发现事情已没有他想的那样简单了。

尽管金岳霖和徐志摩交情甚好，但晚年回忆时他说过："徐志摩是我的老朋友，但我总感到他滑油，油油油，滑滑滑——"又说："当然不是说他滑头。"是指徐志摩感情放纵，没遮没拦。老金接着说："林徽因被他父亲带回国后，徐志摩又追到北京。临离伦敦时他说了两句话，前面那句忘了，后面是'销魂今日进燕京'。看，他满脑子林徽因，我觉得他不自量啊。林徽因、梁思成早就认识，他们是两小无猜，两小无猜啊。两家又是世交，连政治上也算世交。两人父亲都是研究系的。徐志摩总是跟着要钻进去，钻也没用！徐志摩不知趣，我很可惜徐志摩这个朋友。"

徐志摩说的话是旧戏戏文，补全应该是："快马加鞭往前行，销魂今日进燕京！"

在志摩到京的当天，林长民便差仆役送去了请吃饭的信件。

送到哪儿呢，送到东板桥妞妞房胡同，瞿菊农的住处。徐志摩死后，瞿有悼念文章，其中说："从上海同到北京来，沿途谈的是罗素，是康桥，是志摩朗读康桥再会吧！是爱因斯坦，是梁任公、胡适之、泰戈尔；到北京之后，志摩就先在我那局促的小里，那时我住在东板桥妞妞房——住了好几天。"

志摩足下：
　　长函敬悉。足下用情之烈，令人感怵，徽亦惶恐不知何以为答，并无丝毫 mockery（嘲笑），想足下误解耳。星期日（十二月三日）午饭，盼君来谈，并约博生夫妇。友谊长葆，此意幸亮察之。敬颂文安。
　　弟长民顿首。

十二月一日
徽因附候

　　从信上不难看到，徐志摩还在南京的时候，就给林徽因去了一封长信，内容有什么，现在无从知道，但从林长民这封既是邀请信也是回信的信上看，表达的感情是真挚且激烈的，甚至是让人害怕，否则林长民就不会说"足下用情之烈，令人感怵，徽亦惶恐不知何以为答"。他这种做法林徽因一定要嘲笑，林长民赶忙说，没有的事，女儿看了信，一点也没有嘲笑的意思，足下你误解了。只是她年龄小，没经过这样的事，一时惶恐，不知该怎么办，才由我来代为作答。什么都不说啦，后天来我家吃顿饭，好好谈一谈。

　　陈博生与林长民是好朋友，跟徐志摩的关系也不错。徐志摩在英国的时候，陈博生也在英国，陈比志摩早些从英国回来，现在是《晨报》的总编辑。

　　当晚，徐志摩就回了信。

第二天，林长民又修书一封派人送去。信上说："得昨夕手书，循诵再三，感佩无已，感公精诚，佩公莹洁也。明日午餐所约咸好，皆是可人，咸迟嘉宾，一沾文采，务乞惠临，从此友谊，当益加厚。虽云小聚，亦人生一大福分，尚希珍重察之。"

　　餐聚第二天如期举行。席间，陈博生听说徐志摩住在瞿菊农家，知道地方很是逼仄，要志摩搬到他家去住。徐志摩也就痛快地答应了。

　　回到北京，当徐志摩尚未见到林徽因，更未能倾诉久积在心中的离别之苦、相思之情时，却意外收到了自己的导师梁启超一封言词颇为凌厉的长信。梁启超曾劝他不要沉迷于"梦想的神圣境界"——如果情感接连受挫，要么郁郁而死，死而无名；要么颓废堕落，不能自拔。

在生活困境中牵手

徐志摩回京后，在松坡图书馆担任外文秘书，梁启超为馆长。

松坡图书馆两处馆舍，一处在西单附近的石虎胡同，另一处在北海里的快雪堂。徐志摩住在石虎胡同，梁启超办公的地点在快雪堂。

当时松坡图书馆星期日不开放，梁思成常约林徽因去快雪堂玩。有时徐志摩去了，也不回避。梁思成只得贴一字条在门上：Lovers want to be left alone（情人不愿受打扰）。徐志摩见了，只得快快而去。从此，再未打扰。

1923年春天，徐志摩在西单石虎胡同七号成立了专门编辑出版新派诗集的新月社。林徽因参加了新月社。

梁思成和林徽因的感情突飞猛进是从一场车祸开始的。

1923年5月7日，北京学生举行"国耻日"纪念活动。

梁思成骑摩托车带着弟弟梁思永追赶游行队伍。刚出南长街，就被北洋军阀交通次长金永炎的汽车撞到了侧面，梁思永被抛出老远，梁思成则压在车底下。坐在轿车里的官员无动于衷，命令司机继续往前开。

梁思成当场血流满面，昏迷不醒，尚清醒的梁思永飞跑回家说："快去救二哥吧，二哥碰坏了。"等梁家的听差曹五将梁思成从出事地点背回家时，梁的脸上一点血色都没有了。后来医生来了，帮他做了全身检查。他诊断说，腰部以上没有什么毛病，只是右腿断了，他用救护车把思成送到医院。

起初，外科医生认为梁思成不需要动手术，因为骨头没有断。这个诊断是错的，耽误了正确的治疗。实际上，他是股骨复合性骨折，至5月底，思成已经动了三次手术。父亲在一封给大姊的信上充满希望地说，腿已经完全接合，思成将可以"和正常人一样走路"。可实际并非如此，这次车祸导致梁思成骨折的左腿没能接好，后来发现左腿比右腿短了约1厘米，落下残疾，走起路来有些微跛。更为严重的是，梁的脊椎受到了严重损伤，影响了他一生的健康。后来不得不穿上一件特制的厚重钢背心，以此来支撑上半身的体重。

林徽因毫不介意梁思成身体上的缺陷，在他住院期间，一直在病房照料他。因为这样，梁思成的母亲非常不喜欢林徽因，她觉得梁思成衣冠不整的样子，林徽因本来应该回避。她因此觉得林徽因思想过于开放现代。梁母到去世都没认可这个儿媳妇。

梁启超致信给梁思成，让他好好利用这段消极的日子。信中写道："吾欲汝以在院两月中取《论语》《孟子》，温习暗诵，务能略举其辞，尤于其中有益修身之文句，细加玩味。次则将《左传》《战国策》全部浏览一遍，可益神智，且助文采也。更有余日读《荀子》则益善。各书可向二叔处求取。《荀子》颇有训诂难通者，宜读王先谦《荀子集解》。可令张明去藻玉堂老王处取一部来。"

出事后两个星期左右，思成开始研读中国古代典籍，从《论语》和《孟子》着手。这些经典是过去八百年来科举考试的必读书籍。这时候，改革派领袖梁启超显然回到了他的新儒学立场，认定背诵经典对清华大学那些单调的课程有所补充。

因是当世名人梁启超的两位公子被撞伤，北京各报都做了报道并借机大加渲染。梁启超夫人见肇事者金永炎不前来赔礼道歉，便向总统告状，要求处罚那个官员。最后判定是司机的错。母亲不肯罢休，直到总统替他的属下道歉为止。

早先，父辈建议梁思成和林徽因赴美留学。父亲希望他们能够在共同的学习生活中增进了解，培养感情，以决定终身大事。但因这次意外事故，梁思成只好决定推迟一年即1924年的夏天赴美。他父亲写信给他说："人生的旅途相当长，一年或者一个月算不了什么。你的一生太平顺了，小小的挫折可能是你磨炼性格的好机会。而且就学业来说，你在中国多准备一年也没有任何损失。"

一年后，林徽因从培华女中毕业，考取半官费，两人携手赴美，一切刚刚好。

蝴蝶飞不过沧海

林徽因的才华首次展示于社会是在泰戈尔访问北京的那些日子,那时泰戈尔刚获得诺贝尔文学奖不久,诗翁由北京讲学社请到中国,讲学社的主持者是梁启超、林长民。徐志摩担当翻译。当时徐志摩已经和张幼仪离婚,他依然热恋着林徽因。

1924年4月至5月,泰戈海、杭州、南京、济南、北京、太原、汉口等许多城市,历时50多天,足迹遍及大半个中国。

泰戈尔于4月23日抵达北京,受到梁启超、林长民、胡适等许多知识界名流的热烈欢迎。泰戈尔的北京行程很满,林徽因陪同泰戈尔游览北海,参观松坡图书馆,赴静心斋茶会,法源寺赏丁香花,游览故宫御花园并拜会溥仪,陪同泰戈尔同北京学生见面,参加北京画界在贵州会馆的欢迎会、庄士墩的招待、凌叔华在私宅举办的欢迎泰戈尔家庭茶会等。

泰戈尔同北京学生见面的场面,文人吴咏有生动的描写:"林小姐人艳如花,和老诗人挟臂而行,加上长袍白面,郊寒岛瘦的徐志摩,有如苍松竹梅的一幅三友图。徐志摩的翻译,用了中国语汇中最美的修辞,以硖石官话出之,便是一首首的小诗,飞瀑流泉,淙淙可听。"

接待泰戈尔的高潮是5月8日诗翁64岁寿辰那天,北京文化界借座协和大礼堂为他庆寿。胡适主持的庆典,其中一主要内容是众人用英语演出了他创作于1892年的戏剧作品《齐德拉》。泰戈尔的戏剧情节并不复杂，但抒情味很浓，充满了象征和寓意；另一方面与音乐、舞蹈、歌曲等艺术的表演形式又有密切的关系。

戏由张彭春导演，梁思成绘制布景，林徽因饰演了女主角齐德拉。担任其他角色的皆是名流：张歆海饰演王子安顺那，徐志摩饰演爱神玛达那，林长民饰演春神伐森塔。文化界许多名流应邀前来观看演出，包括与新月社见解分歧很大的鲁迅。

那几天报纸连篇累牍的文章盛赞这场演出。5月10日北京《晨报副刊》说："林宗孟（林长民）君头发半白还有登台演剧的兴趣和勇气，真算难得。父女合演，空前美谈。第五幕爱神与春神谐谈，林徐的滑稽神态，有独到之处。林女士徽因，态度音吐，并极佳妙。"此景十多年后仍有人记忆犹新，赞叹林徽因一口流利的英语清脆柔媚，真像一个外国好女儿。

而此时，林徽因和梁思成已有口头婚约，二人即将赴美完成学业。

据说，徐志摩曾请求泰戈尔帮忙，泰戈尔临别时赠诗给林徽因："天空的蔚蓝，爱上了大地的碧绿，他们之间的微风叹了声，哎！"

一转身，一辈子

1927年，胡适赴美，去完成哥伦比亚大学哲学博士学位的最后手续。胡适到美国不久，就收到了林徽因的来信。她邀请他去费城彭校教育会演讲。

胡适去了，还跟她谈了徐志摩，谈了徐志摩的新婚妻子——名媛陆小曼。胡适走后，林徽因想了很多。她给胡适写信，倾诉自己的心路："那天所谈的一切——宗教、人事、教育到政治——我全都忘不了的尤其是'人事'。一切的事情我从前不明白现在已清楚了许多，就还有要说要问的也就让他们去不说不问了。'让过去的算过去的'这是志摩的一句现成话。"

她又说："回去时看见朋友们替我问候，请你告诉志摩我这三年来寂寞受够了，失望也遇多了，现在倒也能在寂寞和失望中得着自慰和满足。告诉他我绝对不怪他，只有盼他原谅我过去的种种的不了解。但是路远隔膜误会是在所难免的，他也该原谅我。我昨天把他的旧信一一翻阅了，旧的志摩我现在真真透彻地明白了，但是过去，现在不必重提了，我只求永远纪念着。"

1928年3月21日，林徽因与梁思成在加拿大渥太华结婚。

这一年，徐志摩写下了著名的《再别康桥》：

　　轻轻的我走了，
　　正如我轻轻的来；

我轻轻的招手,
作别西天的云彩。
那河畔的金柳,
是夕阳中的新娘;
波光里的艳影,
在我的心头荡漾。
软泥上的青荇,
油油的在水底招摇;
在康河的柔波里,
我甘心做一条水草。
那榆荫下的一潭,
不是清泉,是天上虹;
揉碎在浮藻间,
沉淀着彩虹似的梦。
寻梦?撑一支长篙,
向青草更青处漫溯,
满载一船星辉,
在星辉斑斓里放歌。
但我不能放歌,
悄悄是别离的笙箫;
夏虫也为我沉默,
沉默是今晚的康桥。
悄悄的我走了,
正如我悄悄的来;
我挥一挥衣袖,
不带走一片云彩。

第三章

用一生去回答

嫁人是嫁给一个家庭

婚姻绝不是两个人的事情，嫁给一个人就是嫁给一种生活方式，嫁给这个人所有社会关系的总和。

婚姻对改变女人命运的力量太大了。女人在选择什么样的婚姻的时候，也就决定了她的一生要过的是什么样的生活。

林徽因是梁启超的儿媳。

梁启超的舐犊之情、人生指导、学问修养、声名地位不是富商徐申如可以比拟，梁思成的宽容大气、勤奋踏实也不是徐志摩的诗人气质所能匹敌，一段离婚续娶的婚姻，更不能和青梅竹马的原配并论。

成功的婚姻重塑了林徽因，她不仅彻底摆脱了心底庶出的阴影，走进了另一个声名显赫、门当户对的家族，更在学业和事业上寻找到了最佳拍档。

梁思成和林徽因的婚姻过程，先是许婚，再是订婚，然后才是结婚。许婚就是两家口头约定。所以不举行正式的订婚礼，用梁启超的话说，是让年轻人学有所成之后再谈婚嫁之事。

从门当户对的观点看，这对夫妻是极为般配的。

从祖上的显赫来说，梁家逊林家一筹。林长民的父亲是清代光绪朝的进士，授翰林院编修，在浙江一带当过知府一类的地方官。

梁思成的父亲梁启超，当过北洋政府的财政总长，林徽因的父亲林长民当过司法总长。从当时的声望上说，林长民逊梁启超一筹。

梁思成与林徽因的旷世奇缘，恐怕用绝配加以修饰亦难掩盖其光华。无论你从哪一点锁定品论的视角，似乎都无法绕开他们对等、匹配而相得益彰的外貌气质、思想学识、精神价值、文化素养、人格品性以及经济基础、社会地位。

林徽因曾经说过："一个家庭中，男女双方的幸福和美满，依赖于互相寻求和接收唯有对方才能提供的东西，包括思想、情感和令彼此愉悦的内容与方式。"

在林徽因和梁思成人生的许多重要关口，梁启超都及时出现，打点一切。梁启超乐于为孩子们安排人生，好让他们少走些弯路，少受些苦。

林梁的恋爱，梁启超积极促成。他安排儿子梁思成和林徽因见面，力图成全一对他看好的姻缘，但他却并不着急，顺其自然，让他们自由地培养感情，水到渠成。梁启超是睿智的，他在包办婚姻和自由恋爱中找到了一条中庸的途径：见面包办，交往自由，循序渐进。

林徽因在异国得知父亲惨死的消息，也断了继续求学的经济来源，她想回国谋生，又考虑在美国打工自己挣学费。梁启超得知后不同意，在给梁思成的家书中说："徽因留学总要以和你同时归国为度。学费不成问题，只算我多一个女儿在外留学便了。"为了兑现承诺，梁启超动用了股票利息，并直接给她写信："渡过苦境，鼓起勇气，替中国艺术界有点贡献。"

恋爱是求同存异的过程

舒婷在一首诗《致橡树》中说，真正的夫妻应该是橡树和木棉，它们相互依偎又各自独立。他们各自的个性都得到了最充分的舒展，同时他们又是互补的。

林徽因在1926年接受《蒙大拿报》访问时说过："等我回到中国，我要带回什么是东西方碰撞的真正含义……应该有一场运动，去向中国人展示，西方人在艺术、文学、音乐、戏剧上的成就，但是绝不是要以此去取代我们自己的东西。"而文章标题是"中国女孩致力拯救祖国艺术"。

当梁思成亲眼看见了西方的建筑学之后，他开始有了方向，明确了做一名建筑师和建筑史学家的使命，之后，他的注意力开始转到学术上几为空白的中国建筑史。

想要在男人主宰的国家里出人头地，女孩子非得接受良好的教育不可。在那个时代，林徽因去国外留学，去探索广阔、魅力、神奇的世界。对于林徽因来说，祖父、父亲皆是学贯中西的人物，她打小耳濡目染。如果说培华中学读书的时光是她接触西学的第一步，在几年前随父旅欧的过程中，林徽因已经先期爱上了这个能够满足她将艺术和技术如此完美结合的专业。

最终影响梁思成献身于建筑科学的是林徽因，梁思成曾对朋友们说过："当我去拜访林徽因时，她刚从英国回来，在交谈中，她谈到以后要学建筑。我当时连建筑是什么还不知道，徽因告诉我，那是包括艺术和工程技术为一体的一门学科。因为我喜爱绘画，所以我也选择了这个专业。"

但是林徽因在她专业申请的时候遇到了障碍。在梁、林赴美留学半年前，林徽因的父亲林长民就开始通过一些留学团体和驻外机构，帮助咨询女儿进入宾大艺术学院建筑专业的可能性。在这封宾大建筑系主任莱尔德的回信中写道："宾大的艺术学院建筑系不招收女生，理由是建筑系的学生经常加夜班绘图，女同学无人陪伴不甚方便。但是艺术学院的其他专业却向女生敞开大门。"

1924年，林徽因考取了半官费留学，与因车祸耽搁一年的梁思成，双双于6月起程赴美读书。

7月6日，他们先期抵达彼岸纽约绮色佳的康乃尔大学，先在这里利用暑假补习几门课程，以适应美国的新环境。林徽因选修"户外写生"和"高等代数"，梁思成除"户外写生"外，还选了"三角"与"水彩静物画"。他希望有了这些预修学分，到宾夕法尼亚大学可以"直升建筑系二年级甚至更高年级"。

暑期后，他们来到了费城，进入到了宾夕法尼亚大学。梁思成和林徽因分别进入了宾大艺术学院的建筑系和美术系。

当时，建筑教育的核心理念是被建筑界称作"布扎艺术"的法国巴黎古典美术主义，一些法国建筑大师纷纷被美国大学引入。当时，拥有保罗克瑞的宾大建筑系在美国建筑教育领域声名显赫。

巴黎古典主义教育以基本功训练严格而著称。古典建筑绘画技巧是当年的学生们必须反复研习的内容。画渲染画时一次水彩渲染无法完成，你得重复渲染5~10次。

这一时期的学习给梁思成和林徽因的学习留下了深刻的印象，为他们以后的建筑成就奠定了扎实的基本功。

当时的课业负担非常重，每周光上课时间就有将近 40 个小时，如果再加上建筑系学生课外的大量绘图练习，学业时间近 60 个小时。

当时的宾大建筑专业课程设置如下：素描画、水彩画、建筑设计、建筑绘图、建筑史、油画史、雕塑史、画法几何学、透视学、建筑结构力学、木工、石工、建筑环境学、采暖通风、英文写作、英国文学史、初级法语、代数、微积分等。

梁思成向父亲抱怨，这样的终日伏案绘图，怕自己以后成为一个只知绘图的匠人。

梁启超则提点儿子说："你觉得自己天才不能负你的理想，又觉得这几年专做呆板功夫，生怕会变成画匠，你有这种感觉，便是你的学问在这时期内将发生进步的特征，我听见倒是喜欢极了。 孟子说：能与人规矩，不能使人巧，凡学校所教与所学总不外规矩方面的事，若巧则要离了学校方能发现。 我一生学问得力专在此一点，我盼望你们都能应用我这点精神。"

建筑系不招女生的规定，并没有能阻止林徽因学习建筑的梦想。 她几乎选修了所有建筑系学生的专业课程，在美术系注册入校的林徽因，最后是从美术系毕业，但她却能成为建筑系学生的助理教员。 她实际上接受了成为一名建筑师的训练。

宾大美术学院教学方式独特，学院有一个设备齐全的工作室，学生可以随时进去设计自己的作品。 林徽因聪明绝伦，在大学生的圣诞卡设计竞赛中获奖。 那是用点彩技法画的一幅圣母像，大有中世纪欧洲圣母像的苍古感，这件珍贵的文物至今保存在学校的档案馆中。

梁启超认为儿子所学太专门了，因此建议他分出点光阴多学点常识，选一两样关于自己娱乐的学问，如音乐、文学、美术等。 怕他因所学太专门之故,把生活也弄成近于单调,太单调的生活容易厌倦,厌倦即为苦恼。

1927年,思成和徽因双双从宾夕法尼亚大学毕业。他们在宾大的成绩非常优秀,作业总是能得到很高分。在梁思成宾大成绩单,你们看到这里有很多"D",在20世纪20年代,"D"的意思是"DISTINGUISH(杰出)",是最高的成绩。建筑系一位年轻讲师、日后成为著名建筑师的哈贝森,曾经夸奖他俩的建筑图作业简直"无懈可击"。

1927年,梁思成从宾大建筑系毕业后,申请前往哈佛大学人文学院学习。他希望在回国前,系统掌握此前国外学者在此领域的研究成果。林徽因则选择了距离哈佛大学近200千米的耶鲁大学艺术学院,师从当时赫赫有名的戏剧舞台大师贝克教授,学习舞台布景艺术。

在美国同学眼里,中国来的"学生"多半刻板、死硬,但"菲丽丝"(林徽因的英文名)有着异乎寻常的美貌、活泼和机灵,说得一口流利的英语,而且天生又善于交际。

但是,林徽因与梁思成的性格差异也在这时凸显出来。吴荔明说:"徽因舅妈非常美丽、聪明、活泼,善于和周围人搞好关系,但又常常锋芒毕露表现为以自我为中心。她放得开,使许多男孩子陶醉。思成舅舅相对起来比较刻板稳重,严肃而用功,但也有幽默感。"

美术系三年级共有四名学生,林徽因与苏特罗友谊最深,她经常到苏特罗父母家里做客。苏特罗晚年依然清晰地记得,林徽因"是一位高雅的、可爱的姑娘,像一件精美的瓷器……而且她具有一种优雅的幽默感"。

另外一位美国同学比斯林在《蒙大拿地方报》上写了一篇她的

通讯：

　　她坐在靠近窗户能够俯视校园中一条小径的椅子上，俯身向一张绘图桌。她那瘦削的身影匍匐在那巨大的建筑习题上，当它同其他三十到四十张习题一起挂在巨大的判分室的墙上时，将会获得很高的奖赏。这样说并非捕风捉影，因为她的作业总是得到最高的分数或偶尔得第二。她不苟言笑，幽默而谦逊，从不把自己的成就挂在嘴边。

　　一个踏实沉稳，一个飞扬灵动，他们感情最初磨合得异常艰难。梁启超曾说："思成和徽因，去年便有好几个月在刀山剑树上过活！"当这磨合期一过，两人却显示出"珠联璧合"，南辕北辙的性格反而让他们能奇妙互补，在建筑一途上，他们配合得十分精彩。

　　1926年，他曾自制了一个仿古铜镜送给林徽因，这个小镜子就是在宾夕法尼亚大学的工作室做的。这是一个奇特的镜子，它是用一个现代的圆玻璃镜镶嵌在仿古的铜镜里合成的。铜镜的中心刻有两个云冈石窟中所见的飞天浮雕，组成圆形图案。飞天外围一圈卷草花纹，花纹外圈是两条线脚，两线中间均匀地铸一圈字，写着"徽因自鉴之用民国十七年（1928年）元旦思成自镌并铸喻其晶莹不珏也。"有一次他和几位教师谈到要在清华建筑系成立类似宾大的手工室时，曾把这面镜子给大家看，十分得意地说："我差不多用了一周的时间雕刻、铸模、翻砂，铜镜做好后，再经过仿古处理，就成现在这样的假古董。我拿去请美术系研究东方美术史的教授鉴定这个镜子的年代，他不懂中文，我说只能看，不能动。这位教授看了半天，说从来没有见过这么厚的铜镜。"梁公笑得更得意了，说:"当然了,这里面还镶着一块玻璃呢!"教授看了又看,说:"从图案看像是北魏时期的物品,但从没有见过这样的文字,对不起,我不能帮助你。"梁思成看他越来越认真,反而不敢翻过来给他看,只好赶快溜掉。 后来教授从同学那里知道了真情,每次看见梁思成就说:"淘气鬼。"

大学时代,满脑子都是创意的徽因,常常先画出一张草图或建筑图样,然后一边做,一边修正或改进,而一旦有了更好的点子,前面的便一股脑儿丢开。 等到交图的最后期限将至,即使在画图板前不眠不休赶工也来不及了,这时候思成就插进来,以他那准确和熟练的绘图工夫,把那乱七八糟的草图变成一张简洁、漂亮、能够交卷的作品。 他们俩合作无间,各为建筑贡献出自己的特殊天赋,在今后共同的专业生涯中始终坚持着。

林徽因在测量、绘图和系统整理资料方面的基本功不如梁思成,但在融会材料方面却充满了灵感,常会从别人所不注意的地方独见精彩,发表极高明的议论。 那时期,梁思成的论文和调查报告大多经过她的加工润色。 梁思成曾经对他的学生说:"我的这些论文里的眼睛都是林徽因先生画上的。"他的学生也曾经说自从师母过世后,梁先生的文章在艺术的灵动、飞扬方面已经不如过去了。

他们彼此成就了对方,若梁思成是巍峨浑重的宫殿,林徽因便是殿外挂着银铃儿的檐角,她缺了他便没有根基,而他缺了她,便呆板毫无生机。

爱要经得起考验

婚前，梁思成问林徽因："有一句话，我只问这一次，以后都不会再问：为什么是我？"林徽因答："答案很长，我得用一生去回答你，准备好听我了吗？"

佛经说："在这世上，人生无归属且不可知，正如成熟的果子面临掉落的危险，出生的人始终面临死亡的危险……所有人的归宿都是死亡。"

林徽因留学美国期间，知己般的父亲走了，没有留下一句话就离开了，留给徽因的是挥之不去的音容笑貌和无穷无尽的思念……

1925年12月，林徽因还在宾大读书，她的父亲林长民猝然遇难。

直奉战争爆发后，局势莫测。张作霖控制的京津地区叫林长民难以存身，他受段祺瑞牵累，未及深思熟虑，应了关外张作霖部将郭松龄招募，任东北军第三军团副军团长幕僚长，倒戈反奉。郭松龄非成事之辈，草草举事，匆匆败阵。林长民随郭松龄逃逸，在锦州郊外的荒村小苏家屯，郭松龄夫妇被生擒，林长民中流弹死于非命。这一年林长民仅50岁，正值英年。

梁启超怕此事给在海外留学的林徽因造成过大的精神打击，于是急忙给梁思成写信安慰他们，此信可谓情真意切：

前事不必提了,我现在总还存在万一的希冀,他能在乱军中逃命出来。万一这种希望得不着,我有些话切实嘱咐你。

第一,你要自己十分镇静,不可因刺激太剧,致伤自己的身体。因为一年以来,我对于你的身体,始终没有放心,直到你到阿图利后,姐姐来信,我才算没有什么挂虑。现在又要挂虑起来了,你不要令万里外的老父为着你寝食不宁,这是第一层。徽因遭此惨痛,唯一的伴侣,唯一的安慰,就只靠你。你要自己镇静着,才能安慰她,这是第二层。

第二,这种消息,谅来瞒不过徽因。万一不幸,消息若确,我也无法用别的话解劝她,但你可以传我的话告诉她:我和林叔叔的关系,她是知道的,林叔的女儿,就是我的女儿,何况更加以你们两个的关系。我从今以后,把她和思庄一样的看待她,在无可慰藉之中,我愿意她领受我这种十二分的同情,渡过她目前的苦境。她要鼓起勇气,发挥她的天才,完成她的学问,将来和你共同努力,替中国艺术界有点贡献,才不愧为林叔叔的好孩子。这些话你要尽你的力量来开解她。

人之生也,与忧患俱来,知其无可奈何,而安之若命。你们都知道我是感情最强烈的人,但经过若干时候之后,总能拿出理性来镇住他,所以我不致受感情牵动,糟蹋我的身子,妨害我的事业。这一点你们虽然不容易学到,但不可不努力学学。

徽因留学总要以和你同时归国为度。学费不成问题，只算我多一个女儿在外留学便了，你们更不必因此着急。

爹爹十二月廿七日

在当时和后来的信中，他对他们说，他们现在必定已经意识到，他们今后的一切计划都将受到影响。林长民的第二个妾将带着她的孩子回福建老家，而徽因的生母将在她今后的有生之年依靠思成过活。因此思成必须很快找到工作。从这时起父亲更多考虑的是思成的未来，特别是在他回国时给他找一个好的职位。

林长民死后，上门吊唁者数百，舆论则褒贬不一，指为"逆贼"有之，誉为"志士"有之。

梁启超也送上了挽联：

天所废，孰能兴，十年补苴艰难，直愚公移山而已；
均是死，容何择，一朝感激义气，竟舍身饲虎为之。

梁启超对于长女梁思顺与外交官周希哲的婚姻、长子梁思成与林徽因的婚姻，都感到非常满意，他在1923年11月5日给思顺的信中明确表达了对儿女婚姻的看法：

"我对于你们的婚姻，得意得不得了。我觉得我的方法好极了，由我留心观察看定一个人，给你们介绍，最后的决定在你们自己，我想这真是理想的婚姻制度。好孩子，你想希哲如何，老夫眼力不错吧？徽因又是我第二回的成功。我希望往后你们弟弟妹妹们个个都如此，这是父母对于儿女最后的职责。"

1927年底，梁思成准备和林徽因成婚，让作为父亲的梁启超满心欢喜：

"思成，这几天为你们聘礼，我精神上非常愉快，你想从抱在怀里的'小不点点'，（是经过千灾百难的）一个孩子盘到成人，品性学问都还算有出息，眼看着就要缔结美满的婚姻，而且不久就要返国，回到我的怀里，如何不高兴呢？"
（致思成书1927年12月18日）

1927年，梁启超在天津病重入院，未能出席梁思成与林徽因的文定大礼，但他仍通过写信"遥控"胞弟梁启勋代为筹措。前前后后共写了10余封，最长的一封有7页纸。"特因思成已决定在美结婚（我及思顺如此主张，彼两小未完全同意），婚仪太简率，所以想在文定礼上稍微郑重庄严一点，我既不来京，一切由弟代理便是。"

根据信中的交代，庚帖由民国章草名家、林家亲戚卓君庸书写，而大媒"已请定林宰平（梁启超密友、哲学家）"。庚帖要用多大开本、聘辞由谁念、主婚帖怎么写……在信中，梁启超对文定礼各个环节的安排可谓细致到了极点，堪称民国时期书香门第婚嫁习俗的范本。

梁启超还写道："聘物林家用一玉印，据君庸言该印本是一对，故当仲恕未购定玉佩以前，曾与君庸言两家各购其一，印文互刻新郎新妇名。今我家既已购定，本来最好是林家并购双印送我，但不便作此要求，仍由我家购其一便是。但我家所购者印文拟不刻徽音（林徽因原名）名，但刻'长宜子孙'（告君庸言预备彼夫妇可通用，故刻一吉祥语）四字阴文。"

信中提及玉印时价约150元。专家考证，这个价格当时可以在北京买下一套四合院。

订婚仪式后，梁启超提笔写信给徽因和思成，商议两个人举办婚礼的大小事务，"这几天为你们聘礼，我精神上十分愉快……婚礼只要庄严不要侈靡，衣服首饰之类，只要相当过得去便够，一切都等回家再行补办，宁可从中节省点钱作行旅费。"

梁启超曾给梁思成写信说："你们若在教堂行礼，思成的名字便用我的全名，用外国习惯叫作'思成梁启超'，表示你以长子资格继承我全部的人格和名誉。"

1928年3月21日，梁思成、林徽因在加拿大渥太华举行了婚礼。

梁从诫说："当时我的大姑父在那里任中国总领事。母亲不愿意穿西式的白纱婚礼服，但又没有中式礼服可穿，她便以构思舞台服装的想象力，自己设计了一套东方式带头饰的结婚服装，据说曾使加拿大新闻摄影记者大感兴趣。这可以说是她后来一生所执着追求的民族形式的第一次幼稚的创作。"

其实，林徽因也曾尝试研究中国古代的妇女服装。早在1925年，留学美国的闻一多策划创办一个内容包括各种艺术门类的杂志，拟取名《雕虫》或《河图》，拟订的四期目录中，向林徽因预定的稿件就有三篇，分别为《帕敷罗娃的艺术》《帕敷罗娃舞蹈摄影》以及《中国妇女服装问题》。

"尤其令我喜欢者，我以素来偏爱女孩之人，今又添了一位法律上的女儿，其可爱与我原有的女儿们相等，真是我全生涯中极愉快的一件事。你们结婚后，我有两件新希望：头一件你们俩体子都不甚好，希望因生理变化作用，在将来健康上开一新纪元。第二件你们俩从前都有小孩子脾气，爱吵嘴，现在完全成人了，希望全变成大人样子，处处相互体贴，造成终身和睦安乐的基础。这两件希望，我想总能达到的。"（梁启超《致思成夫妇书》1928年4月26日）

婚后，梁思成曾诙谐地对朋友说："中国有句俗话：'文章是自己的好，老婆是人家的好。'可是对我来说是，老婆是自己的好，文章是老婆的好。"

在他们的一生中，他们用行动兑换了誓言。他们像两颗并肩而立的树，根须在地底盘根纠结，枝丫在空中交错缠绕，花香在空气里氤氲相合 他们是亲密爱人，他们是生活伴侣，他们是事业搭档，他们是精神知己。

旅行，最试验得出一个人的品性。钱钟书在《围城》中说过："旅行是最劳顿，最麻烦，叫人本相毕现的时候。经过长期苦旅行而彼此不讨厌的人，才可以结交做朋友。"

早在游历欧洲时，看到那些高大辉煌的建筑，让她的视觉，也让她的心灵受到巨大的震撼，立志要改变中国传统建筑那种低平而不耐久的缺憾。1928年春夏间，是新婚旅行，也可以说是为了更好地、理性地考察欧洲的近代建筑。

这也是他们学习西方建筑史之后的一次见习旅行。欧洲是林徽因少女时的旧游之地，婚后的重访使她感到亲切。

现代社会，交通便捷，经济发达，年轻人背包游非常流行，可以说是想走就走。但是在80多年前，困难程度可想而知。但是林徽因和梁思成那样的年轻人，还是毅然上路，开阔了自己未来作为建筑师的视野，可谓受益一生的旅行。

林徽因和梁思成婚礼一完成，两人便启程到欧洲度蜜月。蜜月之旅长达五六个月，它更像是一次欧洲建筑考察。他们到了法国、英国、瑞士、意大利、西班牙和德国。这是他们第一次也是最后一次联袂访问欧洲大陆。如同现代美国建筑系的年轻毕业生一样，他们从一地赶到另一地，想在有限的时间内，把一切他们学过的东西都看遍。

关于行程路线，两个年轻人考虑省钱，打算由陆路经莫斯科过西伯利亚回国。梁启超则主张行海道，认为刚建立的苏联野蛮残破，没有什么可看，出入苏联边境或有意外危险，也未必省钱。他亲自替新郎新娘设计了行程路线：

我替你们打算，到英国后折往瑞典、挪威一行，因北欧极有特色，市政亦极严整有新意，（新造之市，建筑上最有意思者为南美诸国，可惜力量不能供此游，次则北欧特可观。）必须一往。由是入德国，除几个古都外，莱茵河畔著名堡垒最好能参观一二，回头折入瑞士看些天然之美，再入意大利，多耽搁些日子，把文艺复兴时代的美，彻底研究了解。最后便回到法国，在马赛上船，（到西班牙也好，刘子楷在那里当公使，招待极方便，中世及近世初期的欧洲文化实以西班牙为中心。）中间最好能腾出点时间到土耳其一行，看看回教的建筑和美术，附带着看看土耳其革命后政治。

据梁从诫的说法，林徽因后来曾写过一篇散文《贡纳达之夜》，以纪念她在这个西班牙小城中的感受。但梁氏夫妇在欧洲游历的观感没有留下太多文字的记录。唯有林徽因对她的学生关肇邺回忆过那次参观西班牙阿尔罕布拉宫的情景：

格兰纳达郊外的阿尔罕布拉宫是处西班牙名胜，历经岁月的剥蚀却还得以完整保存。梁林夫妇下午才到达住进旅馆，错过了往郊区的旅游班车。他们立即雇了一辆马车飞驰而去，却还是没能赶在闭宫之前。幸好东方青年的热忱打动了守门人，守门人不仅同意他们进入参观，竟还导游似的陪同一路。长方形的主体石榴院和狮子院互相垂直矗立在不高的山上，俯视着浓郁树丛和蜿蜒红墙。石榴院用于朝觐，狮子院供妃嫔居住，一肃穆，一奢华。游人散尽，石榴院内长条水池涟漪闪烁，波动着天上的群星。周围月色氤氲，给他们以梦幻般的游仙感受。狮子院十二个石狮，个个生气勃勃又似躁动不安。筑建宫殿时格兰纳达小国正遭受西班牙君主强加的屈辱，林徽因欣赏眼前的王宫，它在精致、富丽中给人一种忧郁的气息。皓月升天才乘马车返回城里，回望笼罩在凄迷月色下的古老宫殿，林徽因一阵感慨，想起哀伤中国亡君李后主的有名词句："四十年来家国，三千里地山河；龙阁凤楼连霄汉，玉树琼枝作烟萝。几曾识干戈？一旦归为臣虏，沈腰潘鬓消磨。最是仓皇辞庙日，教坊犹奏别离歌。垂泪对宫娥。"

他们本来计划在欧洲度过整个夏天，梁启超发电报催促儿子尽早做好前赴东北大学任教的准备，他们不得不匆匆提前归来。或许是这个原因，二人没有遵行父亲建议的路线，而是走了陆路，乘上穿越西伯利亚的列车，颠簸行过鄂姆斯克、托木斯克、伊尔库茨克、贝加尔……到边境转乘中国列车，经过哈尔滨、沈阳抵达大连，在那里又换乘轮船到大沽上岸，随后冒着倾盆大雨，登上开往北京的列车。

第四章

女人要自尊、自立、自强

永恒的女性,引领男人上升

歌德说:"永恒的女性,引领我们上升!"

林徽因于梁思成,就是那样的女性,是永恒的存在,是灵感的源泉。

林徽因的兴趣引导了梁思成的事业选择,林徽因的陪伴推动他一步步走向学术的辉煌。 他们是事业上的最佳搭档,事业是他们的共同语言。

梁思成没有徐志摩的诗意,没有金岳霖的睿智哲学,但他是真正懂得林徽因的男人,他对林徽因的爱,早已越过最初的悸动,而在一生的相依相伴中,化成绵长淳厚的深刻理解、认同、成全以及并肩而战。 梁思成的追求就是林徽因的追求,梁思成的成功就是林徽因理想的实现。

在封建社会,男人一直是驰骋天下的社会宠儿。 男主外,女主内,女子无才便是德。 林徽因所生活的时代,正是新旧文化大碰撞时期。 出生在开明士绅家庭的她,不仅得到了良好的中西方教育,还有机会抛头露面,展示自己的才华。 她用行动告诉世人,新时代的女性一生的任务绝不是只有温柔贤惠、相夫教子、勤俭持家。 女人的命运要靠自己掌握。

林徽因没有迷失自己,在那个依然还有些守旧的时代,她坚守着自己对事业的追求,并有所成。 自从伦敦游学以来,热爱建筑并且确定其为毕生追求，还影响了梁思成的专业选择。

1928年，经过四年留学生涯，孩子们即将学成归国，欣喜的父亲开始张罗他们回国后的工作。

> 现在觅业之难，恐非你们意想所及料，所以我一面随时替你们打算，一面愿意你们先有这种觉悟，纵令回国一时未能得相当职业，也不必失望沮丧。失望沮丧是我们生命上最可怕之敌，我们须终身不许他入侵。

梁思成在宾大的同学杨廷宝前期回国，受邀前往东北大学创立建筑系，由于他已经加盟天津基泰工程公司，故向东大推荐了梁思成。此时梁启超也向清华提议，梁思成毕业后前往开设建筑图案讲座。

但后来梁启超又改变主意，力主这对小夫妻去沈阳，理由是："（东北）那边建筑事业将来有大发展的机会，比温柔乡的清华园强多了。但现在总比不上在北京舒服……我想有志气的孩子，总应该往吃苦路上走。"

对梁启超的良苦用心，梁思成夫妇深以为然，表示完全听从父亲的指教。东北大学方面要求梁、林尽快到职，而这个时候梁启超的肾病日趋严重，梁、林不得不中断了婚后欧洲的考察和旅行。

1928年8月初，梁思成、林徽因回到阔别四年的北京，他们在天津和父亲短暂团圆之后，9月份双双前往东北大学。

梁思成、林徽因在东北大学工作三年，创建了中国第一个建筑系，期间林徽因还设计了东北大学的校徽。

作为建筑系仅有的两位教职人员，梁思成夫妇在沈阳的工作十分繁忙。在东北大学的第一学期，梁思成既当系主任，又当主力教师；既当学者，又当勤务员，系里的大小事情都要他筹划操心。林徽因既当教师，又当丈夫的助手。

由于梁思成和林徽因留学于美国，所以在教学方式上完全采取了英美式的教学方式。他们依照母校美国宾大的模式，创建了东大建筑系课程体系，并增设《中国宫室史》《营造则例》《东洋美术史》等课程，以期实现他的"东西营造方法并重"，培养具有对中国式建筑审美标准的建筑师。梁思成为这所新创办的建筑系写下了办学思想：溯自欧化东渐，国人崇尚洋风，凡日用所需，莫不以西洋为标准。自军舰枪炮，以致衣饰食品，靡不步人后尘。而我国营造之术亦惨于此时，堕入无知识工匠手中，西式建筑因实用上之方便，极为国人所欢悦。然工匠之流，不知美丑，任意垒砌，将国人美之标准完全混乱，于是近数十年间，我国遂产生一种所谓"外国式"建筑，实则此种建筑作风。不唯在中国为外国式，恐在无论何国，亦为外国式也。本系有鉴于此，故其基本目标，在挽救此不幸现象，予求学青年以一种根本教育。

张镈在《我的建筑创作道路》中提到："建筑系主任梁思成教授亲自讲授建筑史，简单明了，抓住不同时代、国家、社会的历史背景……林徽因教授是梁老师的夫人，专供舞台艺术和内部装饰，手笔很高，文采更强，是一位艺术家，担任我们的美术课程。"

林徽因几乎每晚都替学生修改绘图作业。当时的沈阳常有土匪出没，百姓晚间几乎不敢开灯，只有诗人天性的林徽因感觉那场景还有几分罗曼蒂克。

新学期开始，建筑系又迎来了三位留学归来的老师——陈植、童寯和蔡芳荫，东北大学的建筑系增添了一股新的力量。他们都是梁思成和林徽因的同学，几个年轻人在学生时代就因为兴趣爱好成为知心朋友，现在又在一起工作，每天都有说不完的话题，每天都有新的教学方案提出来。建筑系的教学就这样在大家共同的努力下，一点一点地走向了正轨，这让所有的师生备感欣慰。不久，林徽因和梁思成同陈植、童寯和蔡芳荫又成立了"梁、陈、童、蔡建筑事务所"，对外承接建筑设计的大小事务，这样既可以实践他们所学的理论知识，又可以为学生们的教学提供更多的案例分析，一举多得。林徽因更是摩拳擦掌，准备好好地一展身手。果然，事务所一开张，就承接了一个大工程——为吉林大学设计校舍。

几个年轻人从设计到施工，都倾注了自己的精力与热情。1931年，工程如期完工。初夏时节，林徽因与梁思成在参照了沈阳的古建筑风格之后，又设计了沈阳郊区的一座公园——肖何园，这座园子得到了大家的赞扬与好评。事务所还为许多的官宦人家设计了宅院和亭台。

1929年1月，张学良公开悬赏征求校歌和校徽，林徽因设计的白山黑水图案夺得了头奖。她设计的校徽被称为"白山黑水"，整体是一面盾牌，正上方是"东北大学"的四个古体字，东北和大学之间是易经八卦中的艮卦，同样代表东北，下面则是狼和熊对望的白山，寓意东北当时受列强的欺侮，形势危急，白山之下是滔滔黑水。

这枚校徽的构思呼应了赵元任创作的校歌内容"白山高高，黑水滚滚，由此山川之危利，故生民质朴而雄豪……"在东北大学的学子心中打下了深深的烙印。

为此，赵元任得了800元奖金，林徽因得到的奖金是400元。

"九·一八"事变之后，东北的局势变得更加动荡不安，东北大学被迫关闭。学校的学生或者流亡，或者被迫转学。

但就是这样一个生命短暂的建筑系，经过梁思成和林徽因的努力，培养了刘致平、刘鸿典、张镈等人，他们成为中国第一批建筑人才。这三年多的教学经验和实践，为他们以后创办清华大学建筑系打下了坚实的基础。

事业是共同的语言

1931年"九·一八"事变前夕,东北地区弥漫着浓重的火药味,驻沈阳的日本关东军不断以演习为名进行挑衅,经常闯入校园横冲直撞。为了强行修建沈阳—铁岭的铁路,日本人竟把东北大学通往沈阳城里的一条大路截断,竖起路障,上书"随意通行者,格杀勿论"等恐吓之语。

政治形势日趋紧张,战争一触即发。中国营造学社的朱启钤探知此消息后,再次托人捎信,希望梁思成夫妇能加入该社工作。梁思成看不惯日本人的横行和校内诸类"老鼠"的刀枪相向,加上林徽因身体不适,已不能回东大工作,于是决定离开他亲手创建的建筑系,放弃了刚刚在沈阳安下的家,毅然回到北京应聘到营造学社,担任了法式部主任,林徽因被聘为营造学社校理。

中国营造学社最早设在北京天安门里西庑旧朝房,属于民办学术团体的科研机构,主要研究中国古代建筑,堪称中国历史上第一家建筑学研究机构。

学社的发起人是朱启钤。朱启钤在江南图书馆偶然发现了一部湮没日久、由宋代建筑学家李诫(明仲)创作的《营造法式》抄本,惊为秘籍,遂将此书借出馆外两次出资刊行,引起了学术界的瞩目。兴致所至,他自筹资金,索性发起成立了一所专门研究中国古建筑工程学的学术团体——中国营造学社,朱氏自任社长。

当年梁思成夫妇在美国留学时，梁启超就曾给他寄去过由朱启钤重印的《营造法式》，梁思成作为建筑系的学生却对书中的术语不知所云，视为"天书"。对于中国古建筑的科学研究，在当时的学术界还是一块尚未开拓的荒原，这部《营造法式》更是一个未解之谜。而这个时候，西方学者对于欧洲古建筑，几乎每一处都做了精确的记录、测绘，并有深入而透彻的研究。这对于梁、林既是一种启发，又是一种鼓励，两位海外学子似乎突然看到了光辉前景，一下找到了为之奋斗的目标。梁思成写信给梁启超，谈了自己日后要写成一部《中国宫室史》这类书籍的志向。

最初学社设在朱启钤家中，初邀入社的成员大都是一些国学名家。1930年春，朱启钤为筹措学社的经费，向支配美国退还"庚子赔款"的中华教育基金会申请补助。当时基金会的大权已从周诒春手中落入任鸿隽的掌心，朱启钤虑及学社没有专门人才，要钱的理由不充分，便让做过自己幕僚的周诒春专程到沈阳鼓动梁思成、林徽因加入学社。此时东北大学建筑系刚刚筹办，梁思成不便离开。另外，鉴于当年朱氏为袁世凯当皇帝吹喇叭抬轿子，吹吹打打，吆五喝六地出尽了风头，被国人所诟病，梁、林二人亦有所忌讳，不愿与其合作，此事便搁置下来。

1930年冬天，林徽因患病辞去东北大学的教职，第二年春天在协和医院查出肺结核之后，就再也没有去沈阳，住在北京养病。"九·一八"事变前，东北的局势一直不稳定，梁思成不得不重新考虑以后的生活方向。恰在这时，一个新的机会出现在面前，这便是中国营造学社的聘请。

"九·一八"事变后，东北大学建筑系的毕业生刘致平、莫宗江、陈明达等人，一起到北京投奔老师梁思成夫妇，从而成为营造学社的骨干。不久，曾毕业于东京高等工业学校建筑科的著名建筑学家刘敦桢，从南京国立中央大学转赴北京，参加营造学社的工作并出任文献部主任一职。

梁思成和林徽因加入中国营造学社，标志着他们古建筑研究学术生涯的开始。

林徽因的大半生都在疾病中度过，但梁思成的功劳簿上有她不可磨灭的功劳，是值得好好一书的篇章。

1930年—1945年，林徽因、梁思成主要从事中国古代建筑艺术和中国建筑史的研究。15年中，他们走遍了中国15个省，200多个县，测量、摄影、分析、研究的古建筑和文物达2000余处。他们认为，虽然中国古建筑还有很多课题有待深入研究，但是从建筑发展史的角度看，他们已基本理清了各个时期的建筑体系沿革、历史源流，勾勒出了建筑历史发展的脉络。

林徽因不仅仅是丈夫的助手，她一直是和梁思成完全站在同一平台上切磋、合作的。

梁思成1933年给林徽因的信中这样写道："今天正式地去拜见佛宫寺塔，好到令人叫绝，喘不出一口气来。我的第一个感触，便是可惜你不在此同我享此眼福。不然我真不知，你要五体投地的倾倒。这个塔真是个独一无二的伟大作品，不见此塔，不知木构的可能性到了什么程度。我佩服极了，佩服建造这塔的时代，和那时代里不知名的大建筑师、不知名的匠人。"

她帮丈夫一起撰写了《中国建筑史》，但没有署名。梁思成的建树，若没有林徽因的奉献是不可想象的。他坦然地承认："我不能不感谢徽因，她以伟大的自我牺牲来支持我。"我们可以从梁思成著作中看到林徽因在事业上对丈夫的帮助。

《蓟县独乐寺观音阁山门考》绪言：

归来研究,得内子林徽因在考证及分析上,不辞劳,不惮烦,以与协作。

《中国建筑史》前言:

在编写的过程中,林徽因、莫宗江、卢绳三位同志给了我很大的帮助。林徽因除了对辽、宋、金的文献部分负责搜集资料并执笔外,全稿也都帮助校阅和补充。

《清式营造则例》前言:

内子林徽因在本书上为我分担的工作,除绪论外,自开始至脱稿,以后数次的增删修改,在照片上摄制及选择,图版之分配上,我实指不出彼此分工区域,最后更校读增删,所以至少说她便是这书一半的著者才对。

《图像中国建筑史》前言:

最后我要感谢我的妻子、同事和旧日同窗林徽因,二十多年来,她在我们共同事业中不懈地贡献着力量。从在大学建筑系求学的时代起,我们就互相为对方"干苦力活",以后在大部分的实地调查中,她又与我做伴,有过许多重要的发现,并对众多的建筑物进行过实测和草绘。近年来,她虽罹患重病,却仍葆其天赋的机敏与坚毅;在战争时期的艰难日子里,营造学社的学术精神和士气得以维持,主要应归功于她。没有她的合作与启迪，无论是本书的撰写，还是我对中国建筑的任何一项研究工作，都是不可能成功的。

1932年3月，梁思成的《清代营造则例》和《营造算例》脱稿了，林徽因《论中国建筑的几个特征》也在《中国营造学社汇刊》上发表。这是林徽因第一篇建筑学研究的论文，也是她对中国建筑艺术纲领性的总结。

同年，她还完成了建筑学论文《平郊建筑杂录》，为燕京大学设计了地质馆，还与梁思成一道设计了燕京大学灰楼女大学生宿舍。灰楼的楼梯扶手要比一般宿舍楼的楼梯扶手略窄一些，因为考虑到女学生的手比较纤小。林徽因看重细节，讲究细节的完美。生活完美与否常常由细节决定，一座建筑是否完美也同样由细节决定。

享得福也吃得苦

从 1930 年到 1945 年,她和他共同走了中国 15 个省、200 多个县,考察测绘了 200 多处古建筑物,河北赵州桥、山西应县木塔、五台山佛光寺等,通过他们得到了外界的重视,从此被保护起来。

那时的考察绝不像现在的自驾游,那时艰苦,两人的朋友回忆:"梁公总是身先士卒,吃苦耐劳,什么地方有危险,他总是自己先上去。这种勇敢精神已经感人至深,更可贵的是林先生,看上去那么弱不禁风的女子,但是爬梁上柱,凡是男子能爬上去的地方,她就准能上得去。"

野外考察古建筑的生活是清苦的,他们常担心断餐,穷乡僻壤里能弄到一钵说不清什么做的黑乎乎面条就算幸运。在交通很不发达的当年,行路对人也是一个考验。一切都要靠原始的大车和毛驴,风尘扑面,颠簸不堪,目的地一般都在很偏远的深山荒野。

有时能宿在大车店已经不算太倒霉,但大车店里起床每人一身虱子。考察的艰辛还在于风险,途中他们要提防土匪的出没;到考察点,测量旧寺古塔,爬上风蚀了数百上千年的顶端,随时都有坠落的可能。

梁思成有记述:"今天工作将完时,忽然来了一阵'不测的风云',在天晴日美的下午五时前后狂风暴雨,雷电交加。我们正在最上层梁架上,不由得感到自身的危险。不单是在 280 多尺(1 尺≈

0.33米)高将近千年的木架上,而且近在塔顶铁质相轮之下,电母风伯不见得会讲特别交情。"

这些困难对于寻常人来说已殊属不易,而林徽因,一个娇嫩的大家闺秀,一个肺结核患者,却经受住了艰苦的洗礼。 不敢相信,她会和男子一样,餐风宿雨,爬梁上柱。

1. 独乐寺

在中国古代漫长的历史中,皇朝更迭,成王败寇。 《史记》记载,项羽"烧秦宫室,火三月不灭"。 在建筑学家的眼中,能得以留存的古代木建筑是罕有的珍奇瑰宝。 当时的日本学者,以日本还保存中国唐时代的木建筑为莫大荣耀。 他们宣称,中国境内保存最古之木建筑是辽代的,即1038年建成的大同华严寺薄伽教藏殿。

薄伽教藏殿为今日大同博物馆所在地。 下华严寺自辽代开始为一座藏经殿,殿内保存着31座精美的辽代塑像,背后四壁,排列重楼式雕木藏经阁38间,后壁正中间悬一天宫楼阁。 这些精巧玲珑的木构模型,是一排制作精良的藏经书橱壁藏,这是中国现存最古老的书橱,也是古代的孤品。

地大物博的中国,果真不再存有比华严寺更老的木构建筑吗?

1932年春天,中国营造学社第一次古建考察在距离北京不足100千米的蓟县,一座辽代木构建筑的发现,让梁思成欣喜若狂。

今天,这趟从北京出发不足两小时的路程,当年花费了他们整整一天的时间。

这是一次难忘的考察,是我第一次离开重要交通干线的旅行。那辆在美国大概早就被当成废铁卖掉了的老破车,还

在北京和那座小城之间定期地，或不如说是无定时地行驶。（梁思成《蓟县独乐寺观音阁山门考》）

经过梁思成的查证，独乐寺建于公元987年，早于中国当时已知的最古木建筑大同华严寺薄伽教藏殿51年。1932年，梁思成在他的建筑考察报告中写道：独乐寺观音阁及山门在我国已发现之古木建筑中，可称最古，且其在建筑史上之地位尤为重要。

除了年代久远，眼前这座活生生的辽代建筑实例，为梁思成破译《营造法式》之谜，开启了一扇窗口。

以前很多看不懂的东西，通过这个调查豁然开朗了。

那时的寺庙被各类驻军占领，损毁严重，梁思成忧心忡忡地在他的考察报告中提出了今后的保护：观音阁及山门为我国现存建筑物中已发现之最古者，且保存较佳，实为无上国宝，如在他国，则政府及社会之珍维保护，唯恐不善。而在中国，则无人知其价值，虽蓟人对之有一种宗教的及感情的爱护。然实际上，蓟人既无力亦无专门智识，数十年来，不唯任风雨之侵蚀，且不能阻止军队之毁坏，此千年国宝，行将于建章、阿房同其运命，而成史上陈迹。日本古建筑保护法颁布施行已三十余年，回视我国之尚在大举破坏，能不赧然。

中国营造学社的第一次野外考察，便打破了日本学者对中国最古寿建筑的断言。后来，梁思成在《中国营造学社汇刊》发表了《蓟县独乐寺山门考》一文，日本建筑学界大为震动。

独乐寺是当时我国已发现的最古老的木构建筑，它的重建时间处在唐宋之间，其建筑形制上承唐代遗风，下启宋式营造，对研究中国建筑的源流演变意义非凡。

在广阔的中国大地上到底还有没有唐构建筑？如果有，它在哪里？

2. 大同云冈石窟

1933年，儿子从诫满1岁了。当梁思成去山西考察时，林徽因决定要一同前往。他们花不少时间跑图书馆，阅读各地的地方志和其他书籍，了解准备考察的那一地方的历史、地理和宗教等方面的情况，记录下其中有关建筑的文字，以制定考察目录和考察计划。

他们考察的地方多是些穷乡僻壤，如果没有当地政府的支持，他们的行动就会因为不被当地人理解而受阻，有时甚至有生命危险。每次出发前，先由营造学社的社长朱启钤通过各种关系同当地政府和驻军打招呼，请求他们对考察人员给予必要的关照和保护；考察结束后，再请当地政府妥善保护这些古代建筑文物。

当然，也得有物质上的准备。营造学社资金有限，他们除了测量和照相的仪器外，每个人都备有一个工具包，当他们攀缘在古建筑上时，包里那些可以伸缩的尺子和其他自制的工具都可以派上用场。吸取以往野外考察无处食宿的教训，他们还准备了轻便的吊床、行军床和一些罐头食品。梁思成、林徽因计划先到大同，再去应县。大同有云冈石窟，应县有辽代木塔。很长一段时间以来，应县的那座古老木塔就一直让梁思成寝食难安。

正是初秋9月，林徽因放下手头的事情，和梁思成及营造学社的刘敦桢、莫宗江一行五人前往大同。

他们到了大同才发现，在这里居然找不到投宿的地方。街道上厚厚一层混合着煤尘的灰土，墙根屋角的垃圾在风中打旋，毛驴是主要的交通运输工具，车马店是唯一的"接待站"。

无奈中，他们回到了大同火车站，不期然碰到了车站站长李景熙。他当年在美国宾夕法尼亚大学学习铁路运输，与梁思成、林徽因是同学。他乡遇故知，疲惫的一行人分外高兴。

李景熙把梁思成、林徽因一行接到自己家里，安排他们住下。梁思成、林徽因不愿意让老同学为这么多人的饮食操心，第二天找到了市政当局。市政官员吩咐一家餐馆供给他们饮食。在大同考察期间，他们测绘了建于辽金时代的华严寺和善化寺。

云冈石窟，是中国早期佛教艺术的遗迹，是北魏艺术的实证。《水经注》中记载着当时的盛况："凿石开山，因岩结构，真容巨壮，世法所希，山堂水殿，烟寺相望……"

而当时的云冈因为地处偏僻，却几乎没有什么游人。空旷的山崖上看不到一棵树，田野里的庄稼长得稀稀落落，只有一座座石窟和石窟中的一尊尊佛像守望着这块贫瘠干旱的土地。在这里，他们又陷入找不到住处的窘境。没有饭店，没有旅馆，没有任何公共设施，甚至连车马店也没有。他们只好求助于当地的农民。一户农民终于答应借给他们一间房子，房子没有门窗，没有一件家具，只剩下露天的屋顶和透风的四壁。他们也只好在这间房子里摊开了行李。

这里昼夜温差很大，中午热得穿单衣，夜里盖棉被还冷得缩成一团。吃饭也就在这个农家搭伙，每天的主食都是煮土豆和玉米面糊糊，偶然吃到一点咸菜就算佐餐佳品。生活工作条件很差，但他们情绪很高。一个民族的历史是一个有机体，其中的一切都互相关联。不同历史时期的造型艺术提供了不同历史时期的珍贵记载——建筑、服饰、礼乐、风尚乃至全部日常生活。一个民族的政治历史只是提供了生活的外在形态，而艺术则让人切近了这个时代的灵魂。

北魏时期，佛学东渐，一种强有力的政治统治平息了诸多纷争，在互相冲突的文明中建立起了相对平衡的新秩序。中国文化固有的血脉中，渗进了强有力的外来影响，这时期的造型艺术表现出了当时不同文化的交流濡染，而云冈石窟本身，就是佛教艺术大规模入主中国的结果。

他们考察了云冈诸窟的平面及其建筑年代，考察了石刻中所有表现的建筑形式：如塔、殿宇、洞口柱廊，以及石刻中所见的建筑部分，如：柱、阑额、斗拱、藻井，还有石刻中的飞仙及装饰花纹——北魏时期的建筑形式和建筑特点栩栩如生地呈现在他们面前。

一个时代可能会从兴盛走向衰落，但是艺术本身却永远不会被消灭。因为，政治和社会的历史代表着永远的动荡和冲突，而艺术则代表着人类永恒的光荣与梦想。

他们的工作繁重而琐细，因为所有石窟的碑碣都已不存痕迹，需要他们根据洞窟石刻的手法进行考证。但他们工作得认真而兴致盎然。工作间歇，行走在乡野山村，林徽因总是能从其他人不在意的地方发现艺术的美。山村的土戏台，集市上家织的土布，一个式样古拙的长命锁，一只造型简雅的陶土罐——小件的东西她会买下带走，带不走的她总是要求拍下来。行程不定，装备有限，梁思成很注意节省胶卷，但他又不忍拂了林徽因的心愿。

3. 应县木塔

他们结束了对云冈石窟的考察，按计划，下一步要去考察应县佛宫寺的辽代木塔。当时，全国范围内还没有发现一座唐代建筑，而辽代离唐代不远，能够破译辽代建筑的秘密，也就能够大致了解唐代和宋代的建筑。尽管这是林徽因向往已久的事情，但是梁思成还是力主林徽因先回北京。因为一来离开北京的时间久了，家中老小让人放心不下；二来林徽因的体质受不了这样长时间的折腾。梁思成答应林徽因，及时把考察中的情形写信告诉她。

林徽因回到北京家中没几天，就接连收到了梁思成的信。

> ……你走后我们大感工作不灵，大家都用愉快的意思回忆和你各处同作的畅顺，悔惜你走得太早。我也因为想到我们和应县木塔特殊的关系，悔不把你硬留下同去瞻仰。家里放下许久实在不放心，事情是绝对没有办法，可恨……

梁思成一行回到北京后，莫宗江给林徽因讲述了他们的测量过程，说到当时的惊险情形，他仍然心有余悸："塔身全部构造都测量完了后，最险的就是测量塔刹的尺寸。塔高六十多米，我们站在塔的最高层，已经感到呼呼的大风，上到塔顶更感到会被大风刮下去。但塔刹还有十几米高，从塔顶到塔刹除了几根铁索外，没有任何可攀缘的东西，真是令人望而生畏。梁先生凭着他当年在清华做学生时练就的臂力，硬是握着凛冽刺骨的铁索，两腿悬空地往塔尖攀去。这些古建筑都年久失修，有时表面看上去很好的木板，一脚踏下去都是糟朽的。这座八九百年的古塔，谁知道那些铁索是否已锈蚀、断裂。我们在下面望着不禁两腿瑟瑟发抖。梁先生终于登上塔刹，于是我也相随着攀了上去，这才成功地把塔刹的各部尺寸及做法测绘了下来。"

应县木塔，这座中国古代无与伦比的木结构建筑，在梁思成和其他建筑学家的考察指导下，得到了人们的重视；新中国成立后，政府拨专款对木塔进行了整修和加固，使这座国内唯一的木制佛塔得到了完好的保护。

有了考察应县木塔的经历，梁思成养成了一个习惯，他只要听到别人谈及或从报刊书籍中看到哪个地方有古建筑，就会写信给当地的邮政局长，并随信寄上所需费用，请他帮忙设法弄到这个建筑物的照片。收信人无论是否理解这种行为的意义，一般都会为写信人的至诚和信任所感动，照写信人的要求拍下照片寄回。由此，梁思成得到了一些极有价值的古建筑遗存信息。每当这时，林徽因就会笑道："侦探小说又开始了新的一章。"

4. 晋汾古建筑之旅

1934年夏天，梁思成、林徽因计划带孩子去北戴河避暑。北戴河有一幢梁任公在世时置买的别墅，面临大海，很大很漂亮，梁家兄弟姐妹总是在那里团聚。

他们想邀请费正清、费慰梅一同前往，没想到梁思成刚一开口，费正清就兴高采烈地说，他和费慰梅正准备邀请梁思成、林徽因一同去山西消夏。

山西汾阳城外的峪道河，是吕梁山麓风景最秀美的地方。峪道河的源头"马跑神泉"，相传为当年宋太宗的骏骑踢出的甘泉。这甘泉当年解救了宋太宗干渴的三军，以后的千百年一直滋润着当地的百姓。以这泉流为动力，沿着峪道河，有数十家磨坊。近代以来，电动磨面机出现了，平遥一带成了山西的面粉业中心，峪道河的磨坊日渐萧条以至于沉寂。一些外国传教士喜爱这里清幽的环境，买下了这些磨坊改造成别墅，每到夏天来这里度假。费正清夫妇要去的，就是一位传教士朋友的磨坊别墅。梁思成、林徽因改变了前往北戴河的计划，决定接受费正清夫妇的邀请，因为他们期望到山西会有意外的收获。

山西赵城的广胜寺在早些时候发现了宋版藏经，此发现轰动了整个学术界。梁思成和林徽因分析，既然广胜寺所藏的佛经是宋版的，那么广胜寺就有可能修建于宋代或更早的年代。所以，他们早就计划到赵城考察。从地图上看，汾阳距赵城不远。他们接受费正清夫妇之邀，既能与朋友一起度假，又能了却考察广胜寺的心愿，何乐而不为呢？

峪道河果然名不虚传。泉流从山上奔腾而下，磨坊依山傍水而建，山谷长满了杨树、槐树和高高低低的灌木。那斑驳的树荫、汩汩的溪水和厚厚的磨坊石墙仿佛把炎热的夏天挡在了山外。

安顿下来后，林徽因、梁思成沿着溪水一边散步，一边熟悉周围的环境。

在接近上游地方，有一家名叫"庆和义"的磨坊。他们走了进去。磨坊伙计看到来了两位城里的先生，急忙停下手中的活计过来招呼。他和气地笑着，脸上、头上沾有星星点点的面粉，音节顿挫的山西话，他们有的能听懂，有的听不懂。

梁思成对磨坊的构造很感兴趣：山上下泻泉水的冲击力推动坊外的大木轮，木轮带动坊内转动的石磨，把小麦磨成面粉。因磨粉机不息的震动，所以房子不能用此地民居常见的发券的方式，而采用了特别粗大的梁架。为了让磨出的面粉洁净，所以磨坊内部铺着光润的木地板。如此古雅的构造，自然适合做舒适凉爽的消夏别墅。

那伙计告诉林徽因，早年间这里的生意可红了，一年可以出五千多包面粉，每包的价钱约莫两块多钱，人们的日子十分好过。这些年不行了，磨坊都租给外国人做了别墅，就剩下这一家"庆和义"，也眼看着维持不下去了。别看关帝庙的戏台挺大，村里已经四年没来过唱戏的了。

原来村里的关帝庙有一个铁铧，老辈儿的人讲是万历皇帝赐给村里庆成王后人的。这铁铧不知怎么流落到了古董商手里，被这个传教士买了去。他看这铁铎好玩，晚上没事儿时打着玩。村人听到了钟声，商议着这是村上吕姓人祖传的宝物，不能让它落到外国人手里。他们找到了传教士，情辞恳切地要出原价把铁铎买回，想不到传教士什么也没要就爽快地把铁铎还给村人，现在那铁铎还在关帝庙供着。

提到这村子的历史，讲述的人更有了兴致。他说，庆成王是永乐皇帝的嫡亲弟弟。这一村人都知道，原来他们都应该姓朱。雍正年间朝廷诏命他们改姓，由姓朱改成姓吕。他们的族谱上有记载，严格按辈分字号排行的方法，使他们不会弄错这一脉子孙的谱系。

回到别墅后，他们拿出地图圈圈点点，计划着以峪道河为出发点，把邻近几个县的庙宇建筑作为重点考察的范围，估计需要一个月左右的时间。

费正清和费慰梅从北京带来了中文课本、英汉字典及一盒盒的方块字，慰梅还背着画夹和颜料。他们原打算在峪道河安安静静地度一个暑假，可梁思成、林徽因的计划吸引了他们。费正清对中国的历史文化本来就有兴趣，而费慰梅更喜欢中国的艺术，他们没怎么犹豫就随同梁思成、林徽因参加了古建筑考察。

峪道河两岸的山崖上有好几处庙宇。东岩上以风景优美著名。山头的龙王庙，因马跑泉享受了千年的香火。西岩的南头是关帝庙，几经修建，式样混杂。西岩的北头是龙天庙，看上去规模稍大，他们选择了这里进行考察。

龙天庙远远望去，结构造型参差高下，大小得当，权衡俊美，砖石的墙面色彩醇和，多为红黄色，在阳光下与山冈原野同醉，十分夺人眼目。

庙在山坡上，远离村落人家。门前一株老松，缄默耸立如同守门的寺僧。庙门整日关闭，少有开时。这一带民风淳朴，道不拾遗，夜不闭户，已成习惯。关闭的庙门只是一种形式，其实人们可以随意出入。

他们进得庙里，久无香火的偌大院落空无一人，枯松蔓草，伴着殿庑石级，显得荒芜神秘。钟鼓楼以砖石的结构为主，而不像别的地方以木结构为主。正殿左右两厢是砖砌的窑屋，以供僧侣居住。

费正清说，这平顶的窑屋酷似墨西哥印第安人的平顶土屋，屋里住人，屋顶可以晾晒或种植，景物自有一种别样的风情。

正殿的前殿外是一座开敞的过厅，称之为"献食棚"，又称为祭堂或前殿，只不过别的地方通常不是开敞式的。

正殿是这座庙宇的主要建筑。殿前檐的斗拱权衡甚大，斗拱高约为柱高的1/4，布局亦疏朗可喜。但细看各斗拱的雕饰，则光怪陆离，绝无沉静的古代气息。

正殿三间，供有龙天及夫人像，廊下有清乾隆十二年（1747年）碑。他们从碑文上了解到，龙天庙曾重建于元季丁亥年间，如今的建筑，全是乾隆年间的新构。

梁思成和林徽因画了平面图，抄了碑文，拍摄了照片，离开了龙天庙。他们总结道：这座庙宇虽然年代并不久远，各处建筑结构上亦无惊人之处，但整体却秀整不俗，可以视为山西南部小庙宇群落的代表作品。

此后的日子可没有这么轻松。他们走遍了文水、汾阳、孝义、介休、灵石、霍县、赵城等县。"餐风宿雨、艰苦简陋的生活与寻常都市相较，至少有两世纪的分别。"但收获也是巨大的，"我们所参指的古构，不下三四十处，元明遗物，随地遇见。"

在考察这些地方的古建筑时，除了科学地、一丝不苟地勘查记录外，林徽因还在考察论文中以诗意的笔触，写下了她在考察中的审美感受。在汾阳市的小相村灵岩寺，她为毁圮的废墟中几尊露天趺坐的佛像而震动：

> 进门只见瓦砾土丘，满目荒凉，中间天王殿遗址，隆起如冢，气象堂皇……更进又一土丘，当为原来前殿——中间露天趺坐两铁佛，中挟一无像大莲座；斜阳一瞥，奇趣动人，行人倦旅，至此几顿生妙悟，进入新境。再后当为正殿址，背景里楼塔愈迫近，更有铁佛三尊，趺坐慈静如前，东首一尊且低头前俯，现悯恻垂注之情。此时远山晚晴，天空如宇，两址反不殿而殿，严肃都丽，不藉梁栋丹青，朝拜者亦更沉默虔敬，不由自主了……

在孝义市吴屯村东岳庙，她以谐谑的口吻，善意地嘲讽庙宇屋顶建筑繁复的装饰结构：

> 夜宿村东门东岳庙正殿廊下。庙本甚小，仅余一院一殿，正殿结构奇特，屋顶繁复做法，是我们在山西所见的庙宇中最甚的。小殿向着东门，在田野中间镇座，好像乡间新娘，满头花钿，正要回门的神气……

在霍县，北门外桥配饰的粗制滥造及桥上铁牛形象的丑陋，令她失望。她毫不留情地挖苦、批评这些失败的建筑和建筑饰物：

> 北门桥上的铁牛，算是霍州一景，其实牛很平常，桥上栏

杆则在建筑师的眼中，不但可算一景，简直可称一出喜剧。

桥五孔，是北方所常见的石桥，本无足怪。少见的是桥栏杆的雕刻，尤以望柱为甚。栏板的花纹，各个不同，或用莲花、如意、万字、钟、鼓等等纹样，刻工虽不精而布置尚可，可称粗枝大叶的石刻。至于望柱柱头上的雕饰，则动植物、博古、几何形无所不有，个个不同，没有重复，其中如猴子、人手、鼓、瓶……以及许多无名的怪形体，粗糙胪列，如同儿戏，不一而足，令人发笑。

至于铁牛，与我们曾见过无数的明代铁牛一样，笨蠢无生气，虽然相传为尉迟恭铸造，以治河保城的。

林徽因在建筑学论述中，强调建筑与人的精神世界的对应关系，她指出，面对不同的建筑，人会产生不同的情感：崇高的、愉悦的、宁静的或错乱的、忧伤的甚至荒诞的。她的建筑学论文处处留下了自己的印记，那是人文的、审美的、情感的和价值判断的印记。

整个山西之行，他们考察的重点是赵城县的广胜寺。而整个考察行程中，这也是最艰难的一段路程。

从介休市到赵城县有150千米，当时山西正在修筑同蒲铁路。铁路未建好，公路却多段被毁，一旦下雨，这些路段就成了难以涉足的烂泥塘。不仅汽车不能行驶，连马车、驴车都无法前行。如此三百余里，他们几乎全是徒步走过来的。路途中，他们住过脏得可怕的小客店，睡过农家的大炕，也借宿过费正清夫妇问寻到的传教士住处——他们此行住过的最舒适、干净的住处，尽管这令林徽因和梁思成的民族自尊心感到难堪。

仿佛是为了抚慰他们一路的艰辛，当他们远远望见广胜寺时，层峦叠嶂的远山气象宏阔深沉，广胜寺建筑开朗宏大，殿宇、宝塔在夕阳的照射下辉映着炫目的光彩。

疲惫和困倦洪水般地裹挟了他们。寺院住持破例允许他们可以在寺院的任何地方支架帆布睡床。

费正清夫妇选择睡在钟楼旁的露天平台上，他们说，在那里抬头便能望见北中国灿烂的星空。而梁思成和林徽因则愿意躺在大殿里。这样，他们睁开眼就能看到屋顶美丽的斗拱和阑额。

筋疲力尽的林徽因躺下后，眼睛累得都睁不开了。她喃喃地对梁思成说："多幸运，总算来到了这里。走不动的时候，真是后悔，想着吃这份苦值不值。一到了这儿，就庆幸多亏走了这一遭。说起来，广胜寺早已名满全国，可人们只知道宋版藏经珍贵，却不知道广胜寺建筑的珍奇。"

原计划考察完广胜寺，他们此行的任务就算结束了。可翻阅赵县县志时，他们却意外地发现县志上记载着，在城东15千米的霍山中，有一座建于唐代的兴唐寺。从地图上看，兴唐寺距广胜寺只有10千米。可后来一打听才知道，从广胜寺到兴唐寺无路可走，必须下山绕行，再折回霍山向东上山10千米，才能抵达。不过，既然已经到了这里，又是一座他们久欲寻觅的唐代建筑，岂能白白放过。于是他们完成广胜寺的考察后，未事休整，就向兴唐寺出发了。

离开广胜寺下山，是早上9点。他们在蜿蜒的山路上行走了整整一天，等到重新进山时已是晚上9点！林徽因、梁思成和费正清夫妇徒步行走在山路上，脚夫赶着骡子驮着行李落在了后面。他一只手牵着骡子，一只手摸索着山岩，只听他不停地叨咕着："菩萨保佑。"梁思成、林徽因累得说不出一句话，黑暗中只听见彼此沉重的喘息。但他们不敢停下来歇息，因为他们知道，一旦停下，就可能一步也不愿意往前走了。路，越走越难。山崖上危石错落，枯枝横斜，远远地望见松柏间隐隐约约的灯光，他们以为已到了目的地，一鼓作气到了灯光处。看上去这里是一座庙，进得庙里，寺僧告诉他们，这里是霍山的山神庙，离兴唐寺还有好几里路。一行人泄了气，只得将错就错地在这里住下。

第二天，他们赶到了兴唐寺，所有的希望全成了泡影。兴唐寺虽然藏在深山，却不知毁于何时。现在的寺院全是后来重建的，不土不洋的庙门，几座清式的小殿，殿中的塑像很小气，有的还加了玻璃罩，看上去十分鄙俗。整座兴唐寺没有一样建筑值得考察记录。这样的事情在考察中并不是第一次遭遇。常常是听说某处有如何如何一座古建筑，待千辛万苦地赶了去，结果是大失所望，败兴而归。

这一路他们也不算白跑，沿途，他们考察了山西的民居。黄河流域一带的农民大多居住在窑洞里，可令费正清夫妇惊奇的是，和那一排排窑洞相对峙的却是一座座威严、整肃的门楼和大院。这样的大院一个庄子有两三处。梁思成、林徽因告诉他们，这些大院是19世纪在中国金融业产生过巨大影响的晋商——靠开钱庄、倒腾汇票发家的山西商人们的住宅。在费正清和费慰梅眼里，狭窄街道上这些排列整齐、有着雉堞高墙的院落，就像是中世纪意大利城市建筑的移植。

他们一行走到灵石县常家庄，住进了一家大院。走进高高的围墙，里面是上下两层、里外四进的院落。天井的四周雕梁画栋，廊檐部分是繁复的木雕，院子的深处还有个封闭的后花园，虽说是假山假水，却也一应俱全，令人遥想晋商们当年的气势。

山西之行近一个月的时间里，梁思成、林徽因与费正清、费慰梅朝夕相处，他们一起商量每天的行程，一起在曲曲折折的山路上跋涉，费正清夫妇甚至学会了简单的测绘。这样近距离的交往最便于相互之间的深入了解。

共同的行程，使费正清夫妇更深切地了解了梁思成夫妇的为人和他们工作的意义。原本热爱艺术的费慰梅从此迷上了中国的古建筑研究。在以后的岁月里，她对于山东武梁祠重建的构想，使她在美国建筑学界享有盛誉。她据此写出的《"武梁祠"祭坛》在哈佛大学出版，梁思成和林徽因为之欢欣鼓舞。两个家庭的亲密友谊贯穿了他们的一生。

5. 杭州考察

1934年10月，梁思成、林徽因应浙江省建设厅厅长曾养甫的邀请前往杭州考察，拟定六和塔的重修计划。六和塔建于北宋开宝三年（公元970年），是吴越王为了镇压每年8月惊涛澎湃的钱塘江潮而修筑，这座屹立在钱塘江畔的木塔共9层，高50余丈，是宋代木结构建筑的经典之作。

完成这项工作之后，他们又赴浙南几个县考察古建筑，不觉离开北京已经有一个多月的时间了。

11月19日，他们从杭州乘火车返回北京。

6. 测绘北京文物建筑

1934年底，中央研究院拨款5000元给营造学社，要营造学社测绘出北京故宫的全部建筑，然后出一本专著。梁思成是这项工程的负责人。

1935年初，南京政府决定，由梁思成担任山东曲阜孔庙修缮和养护工程的首席顾问。 同年，梁思成被任命为北京市文物保护委员会顾问。

整个夏季，林徽因与梁思成一道，踏勘测绘了北京的各处文物建筑。 从故宫三大殿到社稷坛和太庙，从北海、颐和园到天坛……

初夏的一天，他们登上了天坛的祈年殿进行测绘。 天坛是明清两代帝王每年冬至主持祭天大典的地方。 这里占地差不多有四千亩，整体面积比紫禁城还大，但建筑物远比紫禁城少。 开阔疏朗的空间，幽深静穆的环境，给人以离尘出世之感。 从祈年殿望下去，红色的围墙内是一片苍郁的绿荫，眼前一条笔直的大道连接着祈年门、皇穹宇和圜丘。

祈年殿是一座三层重檐的圆形大殿，他们站在第三层屋檐上，脚下，是深蓝色伞形的琉璃瓦顶；头上，涂金宝顶在阳光下熠熠生辉。 这里是帝王们祈求丰年的祭殿，殿堂的12根檐柱、12根内柱和4根中心"龙柱"象征着12时辰、12个月、二十四节气和一年四季。 金碧辉煌的攒尖宝顶和帝王们的愿望一起融入了蓝天。

一同工作的助手为他们拍下了当时的照片。 林徽因笑着和梁思成站在一起，她身穿长长的旗袍，手拿一顶小斗笠。 这身装束似乎很不便于攀登，但她就这样攀上了祈年殿。 在祈年殿建成数百年的历史中，她是第一位攀登上去的女性。

7. 龙门石窟

1936年5月，林徽因与梁思成一同前往洛阳，会同正在河南调查古建筑的刘敦桢、陈明达、赵正之等人，一起考察了龙门石窟。 龙门石窟位于洛阳南的伊河畔。 石窟造像始于公元493年北魏孝文帝迁都洛阳，经过北齐、北周、隋等朝代，龙门石窟初具规模。 到了唐代，龙门逐渐成为皇室、贵族塑造雕像活动的中心。历朝历代，伊水侧畔，龙门山崖，共开凿窟龛2100多个，造像10万余尊。题记和其他碑刻3300余品，修建佛塔40余座，与敦煌的莫高窟、大同的云冈石窟并称为中国的三大石窟。

同以往一样，他们一行各有分工。梁思成、陈明达为洞窟和佛像拍照，林徽因记录佛像和窟龛的雕饰，刘敦桢为洞窟编号并记录建筑特征，赵正之抄录铭刻和开凿年代。

石窟年久失修，铭刻漫漶不清，他们的工作进展缓慢。梁思成在摄影时为了选取合适的角度，常常忘记脚下的险径。一次，他没留神差点跌下山去。

他们来到了奉先寺，顿时被这里气魄宏大的雕像所震撼，精神不由得为之一振。

高达17米的卢舍那大佛端坐在群像之中，气势恢宏，妙相庄严。佛像面容慈悲博大、冷峻脱俗，透露出洞悉一切的大悲悯。与云冈石窟相比，那里的大佛明显带有印度佛像的影响，神情也似嫌呆滞。

大家都注意到了，奉先寺向外十几米就是悬崖，上是青天，下临伊水。工匠们显然不能后退观察佛像面部各处细节的安排，而隔河相望又太远，当时还没有望远镜之类的辅助工具，他们是靠什么来把握佛像表情的呢？大家不能不对唐代工匠们的高超技艺敬佩不已。

从龙门回到洛阳城里的旅店，他们都很累了。本打算早早睡下，可刚刚在床上铺好自己带来的床单，上面立刻就落上了一层沙土。抖落掉之后，转眼间又是一层。他们感到奇怪极了，仔细一看才发现，原来床单上落的不是沙土，而是密密麻麻成千上万只跳蚤。这一夜，他们是在人蚤大战、辗转反侧中度过的。

他们在龙门勘察了4天。

离开龙门，林徽因和梁思成又去开封考察了繁塔、铁塔、龙亭，然后从开封到山东，考察了长清、泰安、济宁等11个地方的古建筑。

8. 西行考察

天热起来了，考察途中，林徽因在给家人的信中写道："每去一处都是汗流浃背的跋涉，走路工作的时候又总是早8点至晚6点最热的时间里……可真真累得不亦乐乎。吃得也不好，天太热也吃不下……整天被跳蚤咬得慌，坐在三等火车上又不好意思伸手在身上各处乱抓，结果浑身是包！"

尽管如此，林徽因又和梁思成西出长安，到陕西耀州区考察了药王庙。

他们原计划从耀州区一路西行，走兰州去敦煌。但是由于当局对延安的封锁，陕甘一带防备森严，必须持有军事部门签发的特许通行证才准允西行。林徽因、梁思成只得打消了计划。

梁思成对存留在丝绸古道上的艺术宝窟——敦煌，有一种近乎朝圣的情怀。归途中，他对林徽因说："什么时候能去敦煌，哪怕一步一叩首也心甘情愿。"可是他们想不到，这个心愿竟成了终生未了的遗憾，他们此生再也没有了去敦煌的机会。

9. 佛光寺

回到北京，林徽因在给费慰梅的信中谈到了这些日子外出的考察，回忆起了他们在山西共同走过的旅程：

我们再次像在山西时那样辗转于天堂和地狱之间。我们为艺术和人文景物的美和色彩所倾倒,却更多地为我们必须以食宿(以便第二天能有精力继续工作)之处的肮脏和臭气弄得毛骨悚然、心灰意懒。我老忘不了慰梅爱说的名言,'恼一恼,老一老'——事实上我坚守这个明智的说法,以保持我的青春容貌……这次旅行使我想起我们一起踩着烂泥到(山西)灵石去的欢乐时刻。

许多人提起林徽因,常常只把她和"太太客厅"联系在一起,其实"太太客厅"只是林徽因生活的一个方面。在她生活最优越的那些年里,和丈夫长年奔走在穷乡僻壤,一点一点地梳理着中国建筑发展的脉络,为每一次在人迹罕至的地方发现了古建筑遗存而如获至宝、欣喜若狂。

她踩烂泥,坐驴车,住肮脏的小店,床铺上爬满跳蚤,被咬得浑身是包;山野的风和无遮无拦的烈日使她的皮肤变得粗糙;粗劣的食物和艰辛的路程损害了她的健康,但是她从未因此改变自己的选择和作为。

她对自己所珍爱的一切,具有一种献身的热情,这是林徽因最让人难以企及的地方。

1937年夏天,梁思成、林徽因把8岁的女儿和5岁的儿子托付给在北戴河度假的大姐思顺一家,与莫宗江等人第三次前往山西考察。

他们在北方最后一次考察,也是最为辉煌的一次,要数五台山木结构建筑佛光寺的发现。中国房屋多以砖木构建,历经风雨侵蚀,雷火毁坏,不容易保存下来。日本人曾断言,中国已不存在唐代的木构建筑,要看唐代的木构建筑,只有去他们的奈良城。

林徽因和梁思成立志要找到中国唐代的木结构建筑,旧中国没有一份建筑名录，到全国各地去寻找，无异于大海捞针。梁思成和林徽因到图书馆去翻阅了很多材料，结果有重大的发现。在法国汉学家伯希和写的《敦煌石窟图录》里，有两张唐代壁画的研究引起了他们的注意。这两张壁画描述了佛教圣地五台山的全景，并标明了每座寺的名字。梁思成又在北京图书馆见到一本《清凉山（山西五台山）志》，里面有佛光寺的记载。

1937年6月，梁思成和林徽因、莫宗江、纪玉堂一起乘火车到太原，再坐车到80英里（1英里≈1.61千米）外的东冶，从东冶改乘骡车走很少有人走的土路进五台山，山路狭窄崎岖，他们只好骑着骡子慢慢前行。后来连骡子也不肯走的时候，只得下来牵着它继续前行。

步履蹒跚了两天，在南台外围，大约过豆村3英里，他们走进了佛光寺大门。那是黄昏时分，夕阳的余晖中，前方有一处殿宇，闪射着迷人的光亮，那就是敦煌壁画上的"大佛光寺"。梁思成用"咨嗟惊喜"形容他们进入佛光寺大殿时的心情。

第二天，他们就开始了仔细的调查。细看过后，都明白无误地显示了晚唐时期的特征。当他们爬到天花板，发现这个"阁楼"里住着成千上万只蝙蝠，像是在脊檩周围涂了一层厚厚的鱼子酱，这使得他们难以发现可能写在梁上的年代。木料上还布满了靠蝙蝠为生的千百万臭虫。

天花板上面，是一层厚厚的尘土，并且到处散布着蝙蝠的尸体。在完全黑暗和恶臭之中，在戴着遮住口鼻的厚口罩而令人难以呼吸的情况下，一连测量、绘图和用闪光灯拍照了数个小时。当最后从屋檐下出来，吸到新鲜空气的时候，发现背包里竟有上百只臭虫。梁思成、林徽因他们也已经被咬得伤痕累累。

但这次意外的发现和收获，让梁、林痛并快乐着……

在大殿工作的第三天，林徽因在一根梁底上发现了非常模糊的毛笔字迹象。这个发现使大家极为兴奋，没有比将建筑的实际年代写在其梁下或刻在旁边的石头上更令人高兴的了。

为了清洗木梁，研究近在手边的题词，当大家正忙于在有价值的塑像之间搭脚手架时，林徽因直接投入了工作。她仰起头，努力从梁下不同的角度观察。慢慢地，已经能够读出许多带有冗长唐代官衔的不清楚的人名。其中最重要的是在大梁最右边的部分清晰的文字，即"佛殿主上都送供女弟子宁公遇"。

林徽因怕自己由于想象力太活跃，而误读了些难以辨认的字，突然记起在外面平台上的石经幢，上面好像见过有类似官衔的一些名字。她离开大殿，希望从石柱的刻字上去核实自己的解读。果然是"佛殿主女弟子宁公遇"，石经幢还带有纪年，时间为"唐大中十一年"，相当于公元857年。这个发现让林徽因欣喜若狂。

"这不但是我们多年来实地踏查所得的唯一唐代木构殿宇，不但是国内古建筑之第一瑰宝，也是我国封建文化遗产中，最可珍贵的一件东西。佛殿建筑物，本身已经是一座唐构，乃更在殿内蕴藏着唐代原有的塑像、绘画和墨迹。四种艺术萃聚在一处，在实物遗迹中诚然是件奇珍。"（梁思成《记五台山佛光寺的建筑》）

7月12日，林徽因和梁思成离开五台山，骑骡子行走到代县，这时他们才知道，五天前，当他们正沉浸在发现佛光寺极度兴奋中的时候，"七七事变"爆发了。这场蓄谋已久的"事变"，在一夜间，改变了所有中国人的命运。

第五章

婚后也要有交际圈

做不成情人，还可以是朋友

爱情是艺术家灵感的源泉。由于爱情迷人魔力的影响，各种艺术形式的优美和神奇才得以产生。

林徽因回国后，与徐志摩在阔别四年后重逢。徐志摩给陆小曼写信说："林大小姐则不然，风度无改，涡媚犹圆，谈锋尤健，兴致亦豪。"林徽因还是当年那个带酒窝的姑娘！

1930年冬天林徽因得了肺病。1931年2月，在东北大学建筑系任教的林徽因和梁思成返回北京过寒假。恰逢徐志摩在胡适的接洽下，只身到北京大学英文系任教授并兼北京女子大学教授。

徐志摩为林徽因的健康状况担忧，并建议搬到北京来，这儿的医疗条件较好，而气候也较温和。徐志摩在给陆小曼的信中写道："最后要告诉你一件我决不曾意料的事：思成和徽因，我以为他们早已回东北，因为那边学校已开课。我来时车上见郗更生夫妇，他们也说听说他们已早回，不想他们不但尚在北京而且出了大岔子，惨得很，等我说给你听：我昨天下午见了他们夫妇俩，瘦得竟像一对猴儿，看了真难过。你说是怎么回事？他们不是和周太太（梁大小姐）、思永夫妇同住东直门的吗？一天徽因陪人到协和去，被她自己的大夫看见了，他一见就拉她进去检验，诊断的结果是病已深到危险地步，目前只有立即停止一切劳动，到山上去静养。孩子、丈夫、朋友、书，一切都须隔绝，过了六个月再说话，那真是一个晴天里霹雳。这几天小夫妻俩就像是热锅上的蚂蚁直转,房子在香山顶上有,但问题是叫思成怎么办?徽因又舍不得孩子,大夫又绝对不让,同时孩子也不强,日见黄白。你要是见了徽因,眉眉,你一定吃吓。她简直连脸上的骨头都看出来了,同时脾气更来得暴躁。思成也是可怜,主意东也不是,西也不是。凡是知道的朋友,不说我,没有不替他们发愁的。真有些惨,又是爱莫能助,这岂不是人生到此天道宁论?"

林徽因在西山疗养时,住在一处斜坡上的平房里,房前有一条走廊。林徽因住第一间,她母亲和女儿分别住二、三两间,第四间作为厨房。梁思成每周末会开车把他们接回城里。

她在山中住,朋友们的探视少不了。但来得最多的,还是徐志摩。每次徐志摩上山,都会找林徽因的堂弟林宣陪同,晚上则入住平房旁边的甘露旅馆。有时朋友们回去了,他还要住几天,最长的一次住了两个星期。徐志摩来看林徽因,一般是下午三四点到四五点,有时也到附近散散步。

人生不如意的时候,是上帝给的长假,这个时候就应该好好享受假期。

在林徽因的"悠长假期"里,她开始了创作生涯,她开始写诗……

1931年,已在上海定居的徐志摩同时在北京的高校兼课。往返京沪两地的徐志摩来到香山看望林徽因,给病中静养的林徽因带去轻快的笑声和浓浓的诗情,时光酿出人生的晶莹和醇香。

1931年7月7日,徐志摩在香山送别林徽因,当晚给她写信,并附新诗《你去》。这首《你去》是徐志摩写给林徽因的最后一首诗。

这是唯一一封保存下来的徐志摩写给林徽因的信件。

徽因：

我愁望着云泞的天和泥泞的地，只担心你们上山一路平安。到山上大家都安好否？我在纪念。

我回家累得直挺在床上，像死——也不知哪来的累。适之在午饭时说笑话，我照例照规矩把笑放在嘴边，但那笑仿佛离嘴有半尺来远，脸上的皮肉像是经过风腊，再不能活动！

下午忽然诗兴发作，不断地抽着烟，茶倒空了两壶，两小时内，居然诌得了一首。哲学家上来看见，端详了十多分钟，然后正色地说："It is one of your very best."但哲学家关于美术作品只往往挑错的东西来夸，因而，我还不敢自信，现在抄了去请教女诗人，敬求指正！

雨下得凶，电话电灯会断。我讨得半根蜡，匍匐在桌上胡乱写。上次扭筋的脚有些生痛。一躺平眼睛发跳，全身的脉搏都似乎分明的觉得。再有两天如此，一定病倒——但希望天可以放晴。

思成恐怕也有些着凉，我保荐喝一大碗姜糖汤，妙药也！

宝宝老太都还高兴否？我还牵记你家矮墙上的艳阳。

此去归来时难说完，敬祝山中人"神仙生活"，快乐康强！

脚疼人
洋郎牵（洋）牛渡（洋）河夜

有一种知己，叫蓝颜

蓝颜知己，可以掩饰地说，是兄弟，是姐妹，是对方没有把自己当成女人，自己也没有把对方当成男人的关系。男人对女人好有不少原因，除了得到这个女人的心，得到这个女人的身体，还有单纯的因为心疼一个人而不计回报和后果的对一个人好。女人更在乎的是心，得到一个男人的心比得到他的身体更让女人骄傲自豪。

在林徽因的一生中，除了徐志摩和梁思成之外，还有一个男人不能不提，这就是金岳霖。朋友们都爱叫他"老金"。

金岳霖是通过徐志摩的介绍，认识梁思成和林徽因的。

金岳霖是灵魂在高处的男人，自始至终都以最高的理智驾驭自己的感情，他爱林徽因，这爱不比徐志摩的浅，也不比梁思成的薄，但因为爱得有所保留，所以一切仿如窖藏在岁月深处的酒，不热烈不深沉，愈久方愈醇。他终生未娶，爱了林徽因一生。也许应了柏拉图的那句话："理性是灵魂中最高贵的因素。"

梁思成和金岳霖是一辈子的朋友与知己，这样超凡的品质只能发生在这些天才的生命之中，凡夫俗子只有惊讶的份儿。甚至梁思成林徽因吵架，也是找理性冷静的金岳霖仲裁。

金岳霖在20世纪80年代中期写了一些忆旧随笔，其中有一篇是《梁思成林徽因是我最亲密的朋友》。他写道：梁思成、林徽因是我最亲密的朋友。从1932年到1937年夏，我们住在北总布胡同。 他们住前院，大院；我住后院，小院。 前后院都单门独户。30年代，一些朋友每个星期六有集会，这些集会都是在我的小院里进行的，因为我是单身汉。 我那时吃洋菜，除了请了一个拉洋车的外，还请了一个西式厨师。 "星期六碰头会"喝的是咖啡冰淇淋，咖啡都是我的厨师按我要求的浓度做出来的。 除早饭在我自己家吃外，我的中饭晚饭大都搬到前院和梁家一起吃。 这样的生活维持到"七七事变"为止。 抗战以后，一有机会，我就住在他们家。 他们在四川时，我去他们家不止一次。 有一次我的休息年是在他们李庄的家过的。 抗战胜利后，他们住在新林院时，我仍然同住，后来他们搬到胜因院，我才分开。 我现在的家庭仍然是梁、金同居。

金岳霖是清华大学的学生，毕业之后出国留学，后回国搞学术研究，与林徽因、梁思成，以及徐志摩的经历相似。

金岳霖先认识的徐志摩。 一个看似最冷静、最理智，常常保持着一种超凡脱俗的隐士风度；一个却是恨不得用灵魂歌颂美好、用最炽热的火焰燃烧情感的诗人。 这两个人的交往，却出乎常人意料地和谐。

在北京的文艺圈里，林徽因组织的文化沙龙非常有名，叫作"太太的客厅"。 金岳霖就是通过徐志摩的介绍，在梁家第一次见到梁思成和林徽因夫妇的。

由于夫妇二人所具有的人格与学识魅力，很快围聚了一批当时中国知识界的文化精英，如名满天下的诗人徐志摩、在学界颇具声望的哲学家金岳霖、政治学家张奚若、哲学家邓叔存、经济学家陈岱孙、国际政治问题专家钱端升、物理学家周培源、社会学家陶孟和、考古学家李济、文化领袖胡适、美学家朱光潜、作家沈从文和萧乾等等。 这些学者与文化精英常常在星期六下午，陆续来到梁家，品茗坐论天下事。

张奚若、陶孟和在这里讲政治，书画好手邓叔存会带上他的一两幅作品来与朋友们共享，金岳霖也比较识趣，不在这里讲他那些"倒朋友胃口"的道、式、能等抽象概念，而总是喜欢把话题引到梁思成、林徽因夫妇喜欢的建筑或者文学、书画上来，不知道他是否真的也对建筑很感兴趣，反正在他现存的文章中，没有一篇是谈到建筑的。

《我们太太的客厅》是冰心1933年发表在《大公报》上的一篇小说，好事者将林徽因、梁思成、徐志摩、金岳霖一一对号入座。故有林徽因请人给冰心送山西陈醋品尝之说。

但老金却不这样看，这篇小说"也有别的意思，这个别的意思好像是30年代的中国少奶奶们似乎有一种'不知亡国恨'的毛病"。他晚年在《要说说"湖南饭店"，也就是我的客厅》一文中还说："这里要说说湖南饭店。所谓湖南饭店就是我的客厅，也就是我的活动场所，写作除外。房子长方形，北边八架书架子。我那时是有书的人，书并且相当多，主要是英文的。院子很小，但是还是有养花的余地。七七事变时，我还有一棵姚黄，种在一个八人才抬得起的特制的木盆里。一个光棍住在那样几间房子确实舒服。到了晚上，特别是上床后，问题就不同了。只要灯一灭，纸糊的顶棚上就好像万马奔腾起来，小耗子就开始它们的运动会了。好在那时候我正在壮年，床上一倒，几分钟之后就睡着了。30年代，我们一些朋友每到星期六有个聚会，称为'星六聚会'。碰头时，我们总要问问张奚若和陶孟和关于政治的情况……有人写了一篇文章，题目是《少奶奶的客厅》……少奶奶究竟是谁呢？我有客厅，并且每个星期六有集会。湖南饭店就是我的客厅，我的活动场所。很明显批判的对象就是我。不过批判者没有掌握具体的情况，没有打听清楚我是什么样的人，以为星期六的社会活动一定像教会人士那样以女性为表面中心，因此我的客厅主人一定是少奶奶。哪里知道我这个客厅的主人是一个单身的男子汉呢？"

谈笑有鸿儒，往来无白丁

梁、林从海外归国时，家中已为他们准备了新房，即梁启超在东四十四条北沟沿胡同的住宅（今北沟沿胡同23号），但这对新婚的小夫妻在此住了不长时间即赴东北大学任教。

林徽因是1930年冬天回到北京养病的，这时梁思成还在东北大学教书，要到第二年春天（4月）才辞职回到北京，接受了营建学社的聘任。当时，林徽因的身体虽已被肺病严重侵蚀，但生活依然优渥。香山休养之后，身体有不少好转。

起初，全家搬入东城区米粮胡同二号居住。当时米粮胡同一带住着大批清华、北大的名流，如陈垣、傅斯年住在米粮胡同一号，胡适住在四号。后来，梁、林认为米粮胡同住宅过于狭窄，1931年，他们租下了位于东城区的北总布胡同三号院。

梁再冰回忆道："这所房子有两个虽然不大却很可爱的院子。我记得，小时候妈妈常拉着我的手，在背面的院子中踱步，院里有两棵高大的马樱花树和开白色或紫色小花的几棵丁香树，客厅的窗户朝南，窗台不高，有中式窗棂的玻璃窗，使冬天的太阳可以照射到屋里很深的地方。妈妈喜爱的窗前梅花，泥塑的小动物、沙发，和墙上的字画都沐浴在阳光中。"

根据费慰梅的回忆：在高墙里面有一座封闭但宽广的院子，种着几株开花的树。沿着院子的四边，每一边都有一排单层的住房。

它们的屋顶都由灰瓦铺成，房屋之间铺砖的走廊也是灰瓦顶子。面向院子的一面都是宽阔的门窗，镶嵌着精心设计的木格子。木格子里面都糊了或者是挂着漂白的稻草纸，以便让阳光进来而又让人看不见里边。在院子的北端有一条通向起居室的中央门廊，起居室比别的房间大一些并且直接朝南。

北总布胡同三号就是今天北京东城区的北总布胡同二十四号院。

重回北总布胡同之后，林徽因的日常交际亦渐渐恢复了正常。1931年到1937年，梁思成与林徽因在北京总布胡同的家，成了20世纪30年代名满京城的文化精英聚会之地。每到周末，客厅里便聚集了各领域的领军人物。可谓谈笑有鸿儒，往来无白丁。

这些学者与文化精英常常在星期六下午陆续来到梁家，品茗坐论天下事。这点更像外国的沙龙，比如英国就有喝下午茶的习惯。又因为来的人，常在金岳霖家吃饭，因金岳霖出生于湖南，湖南口音极重，且聚会这日又提供饭食和精致餐点，因此他家的客厅便被友人们戏称为"湖南饭店"。

梁再冰说："他们有很多好朋友，每到周末，许多伯伯和阿姨来我家聚会。这些伯伯大都是清华和北大的教授，曾留学欧美，回国后，分别成为自己学科的带头人，各自在不同的学术领域中做着开拓性和奠基性的工作，例如：张奚若和钱端升伯伯在政治学方面，金岳霖伯伯在逻辑学方面，陈岱孙伯伯在经济学方面，周培源伯伯在物理学方面……在他们的朋友中也有文艺界人士，如作家沈从文伯伯等。这些知识分子研究和创作的领域虽不相同，但研究和创作的严肃态度和进取精神相似，爱国精神和民族自豪感也相似，因此彼此之间有很多共同语言。由于各自处于不同的文化领域，涉及的面和层次比较广、深，思想的融会交流有利于共同的视野开阔，真诚的友谊更带来了精神力量。我当时不懂大人们谈话的内容，但可以感受到他们聚会时的友谊和愉快。"

1932年后，随同费正清来到北京的费慰梅，来北京不久就加入了这个沙龙，经常来梁家。用费慰梅的话说："每个老朋友都会记得，徽因是怎样滔滔不绝地垄断了整个谈话。她的健谈是人所共知的，然而使人叹服的是她也同样擅长写作，她的谈话和她的著作一样充满了创造性。话题从诙谐的轶事到敏锐的分析，从明智的忠告到突发的愤怒，从发狂的热情到深刻的蔑视，几乎无所不包，她总是聚会的中心人物。当她侃侃而谈的时候，爱慕者总是为她那天马行空般的灵感中所迸发出来的精辟警语而倾倒。"

李健吾说："当着她的谈锋，人人低头。"有一次，几个人在一起聚会吃饭，不像是在林家，可能是在外面，平日这种场合，叶公超、梁宗岱这两个人都是谈话的中心，别人很难插上嘴，这天全都不说话了。杨振声问："公超，你怎么尽吃菜？"叶公超放下筷子，指了指对面的林徽因，林正口若悬河地说着。另一位客人说："公超，假如徽因不在，就只听见你说话了。"叶公超说："不对，还有宗岱。"

提携年轻人

这一时期,她成了京派文学的精神领袖,她是做了许多实际事情的。 大的有两宗:一是平日提携青年作家,二是参与了《大公报》组织的评奖活动,评出戏剧、散文、小说三个获奖作家,分别是曹禺、何其芳、芦焚。 可以说,这三个作家在中国文学史上的地位,最初就是这次评奖确立的。 这也是中国现代文学史上第一次正规的评奖活动。 她还编选了《大公报文艺丛刊小说选》并写了序言。

林徽因提携的青年主要有萧乾、李健吾等人。

彼时,初识林徽因,萧乾是初出茅庐的大学生。

1930 年,萧乾正与美国的安澜一同编辑期刊《中国简报》,经他的老师杨振声的介绍,萧乾访问了沈从文。 在这次见面后,他即以《当今中国一个杰出的人道主义讽刺作家》为题,写了一篇专访刊登在《中国简报》上。 1933 年秋天,萧乾将自己的第一篇小说《蚕》寄给沈从文,请他指教。 当时沈从文正在编《大公报·文艺副刊》,他在萧乾的稿子上作一些修改后发表了,这使萧乾得益匪浅。 萧乾的这篇手稿现陈列于中国现代文学馆。

后来,林徽因在写给沈从文的信中夸赞了萧乾的文章。 林徽因说:"萧乾先生文章甚有味儿,我喜欢。"并让沈从文下次来家中时也邀请萧乾同行,希望能够与他一见。

萧乾曾记下1933年11月初的一个星期六下午的情景："那天，我穿着一件新洗的蓝布大褂，先骑车赶到达子营的沈家，然后与沈先生一道跨进了北总布胡同徽因那有名的'太太的客厅'。听说徽因得了很严重的肺病，还经常得卧床休息。可她哪像个病人，穿了一身骑马装（她常和费正清与夫人费慰梅去外国人俱乐部骑马）。她对我说的第一句话是：'你是用感情写作的，这很难得。'给了我很大的鼓舞。她说起话来，别人几乎插不上嘴。别说沈先生和我，就连梁思成和金岳霖也只是坐在沙发上吧嗒着烟斗，连连点头称赏。徽因的健谈绝不是结了婚的妇人那种闲言碎语，而常是有学识、有见地、犀利敏捷的批评。著名美国汉学家费正清晚年回忆林徽因："她是具有创造才华的作家、诗人，是一位具有丰富的审美能力和广博智力活动兴趣的女子，而且她交际起来又洋溢着迷人的魅力。在这个家里，或者她所在的任何场合，所有在场的人，总是全都围绕着她转。"

萧乾回忆说："她话讲得又多又快又兴奋。徽因总是滔滔不绝地讲着，总是她一个人在说。她不是在应酬客人，而是在宣讲，宣讲自己的思想和独特见解。那个女人敢于设堂开讲，这在中国还是头一遭，因此许多人或羡慕，或嫉妒，或看不惯，或窃窃私语。"

萧乾在《才女林徽因》一文里这样写道："倘若这位述而不作的小姐能像18世纪英国的约翰逊博士那样，身边也有一位博斯韦尔，把她那些充满机智、饶有风趣的话一一记载下来，那该是多么精彩的一部书啊！她从不拐弯抹角、模棱两可。这样纯学术的批评，也从来没有人记仇。我常常折服于徽因过人的艺术悟性。"

李健吾与林徽因相识于1934年初。林徽因读到《文学季刊》上李健吾关于《包法利夫人》的论文，非常赏识，随即写了长信给李健吾，约他来家里面晤。在年龄上，李健吾只比林徽因小两岁，而且差不多在十年前就发表作品、组织社团，相当活跃，文学上算是林徽因的前辈。反正两人的交往起始于此，以后都在"京派"圈子里引为知己，尤其是李健吾，对林徽因推崇备至。

林徽因借鉴意识流手法创作了小说《九十九度中》，有保守的大学教授竟然读不明白，为此李健吾写出了与小说同题的评论，热情称赞林徽因："在我们好些男子不能控制自己热情奔放的时代，却有这样一位女作家，用最快利的明净的镜头（理智），摄来人生的一个断片，而且缩在这样短小的纸张（篇幅）上。"并指出："在我们过去短篇小说的制作中，尽有气质更伟大的，材料更事实的，然而却只有这样一篇，最富有现代性。"李健吾关于林徽因小说《九十九度中》的评论，成为李健吾式文学批评的一个代表文本，并选入多种有关林徽因的书籍。

李健吾是个难得的全才。他写小说、文学评论、翻译、剧本、研究外国文学，样样都很出色。

他写小说，让鲁迅都爱不释手："这时（1924年），偶有作品发表的还有裴文中和李健吾……后者的《终条山的传说》是绚烂了，虽在十年以后的今日，还可以看见那藏在用口碑织就的华服里面的身体和灵魂。"写下《终条山的传说》那一年，李健吾只有18岁，还是个学生，一出手已是不凡。能得"苛刻"的鲁迅先生如此评价，可见其文之精彩，的确是难得了。

他研究法国文学，其代表作《福楼拜评传》发表于1934年的12月。比他晚一辈的法国文学研究专家、中国社会科学院终身荣誉学部委员柳鸣九说道："别说以前了，往后五十年之内，中国是没有人能写得出来的。"

他作文学批评，更是受到极大的推崇："没有刘西渭（李健吾的笔名），30年代的文学批评几乎等于空白。""新文学史上在文学批评家中，能够破除门户之见，勤恳、广泛阅读同代作家的作品，并深入其中，亲切鉴赏，叮咛推敲的仅有刘西渭一个人。"

他写剧本，得司马长风如此评价："如果拿酒为例，来品评曹禺和李健吾的剧本，则前者有如茅台，酒质纵然不够醇，但是芳香浓烈，一口下肚，便回肠荡气，因此演出的效果之佳，独一无二；而后者则像上品的花雕或桂花陈酒，乍饮平淡无奇，可是回味余香，直透肺腑，且久久不散。李健吾有一点更绝对超越曹禺，那便是前无古人、后无来者的独创性；而曹禺的每一部作品，几乎都可找出袭取的蛛丝马迹。"

许是受了《太太的客厅》的影响，李健吾在认识林徽因半年之后，创作了一个以客厅为布景的话剧，名为《这不过是春天》。1934年7月1日，同样是《文学季刊》，李健吾的戏剧新作《这不过是春天》正式发表。同他的作品一同刊出的还有后来大红大紫、历数十年而经久不衰的《雷雨》。

抗战八年，林徽因避居西南后方，李健吾则蛰居沦陷的上海，虽音信阻隔，但阻隔不了李健吾对女作家的惦念。当误传林徽因已经病故，李健吾在《咀华记余·无题》中表达了对林徽因和其他三位女作家的这种情感。他说："在现代中国妇女里面，有四个人曾经以她们的作品令我心折。我不想把她们看作流行的'女作家'，因为侮辱她们，等于伤害我的敬意。好像四种风，从四个方向吹来，她们从不同的社会角落出来，传统不同，环境个别，因而反应和影响也就不能属于一致，有时候也许完全相反。一位是从旧礼教冲出来的丁玲，绮丽的命运挽着她的热情永远在向前跑；一位是温文尔雅的凌叔华，像传教士一样爱她的女儿，像传教士一样说故事给女儿听；一位是时时刻刻被才情出卖的林徽因，好像一切有历史性的多才多艺的佳人，薄命把她的热情打入冷宫；最后一位最可怜，好像一个嫩芽，有希望长成一棵大树，但是虫咬了根，一直就在挣扎之中过活，我说的是已经证实死了的萧红。

"但是，我前面举出的四位作家，死的死（据说林徽因和萧红一样，死于肺痨），活的活。都在最初就有一种力量从自我提出一种真挚的，然而广大的品德，在她们最早的作品就把特殊的新颖的喜悦带给我们。她们努力朝客观的道路走，她们把个别的希望摆在各自的方向。我不想在这里仔细分析她们四位，因为她们每位全值得我奉献一篇专论。最像一个典雅的中国人的是凌叔华，然而最伟大的却是丁玲，萧红的前途应当没有穷尽，林徽因的聪明和高傲隔绝了她和一般人的距离。"

大概是发表这篇文章的同时，李健吾确切地得知林徽因尚在人世，喜出望外，立即又专为林徽因写了一篇《林徽因》，收入多人合集《作家笔会》。

是朋友还是仇敌

林徽因是那种讨男人喜欢，不讨女人喜欢的性格。李健吾的文章里对林徽因的评价是："绝顶聪明，又是一副赤热的心肠，口快，性子直，好强，几乎妇女全把她当仇敌。"

冰心和林徽因皆为杰出女性，但属于性格、气质乃至处世态度、人生哲学都很不相同的两类。

林徽因与冰心的祖籍同为福州，黄花岗七十二烈士之一的林觉民便是林徽因的叔父。林觉民在广州出事后，家里怕受株连，变卖了位于福州杨头口的住宅大院，而买房子的恰是冰心的祖父谢銮恩老先生。1919年冰心随父从山东烟台返乡，住的就是林觉民住过的这座院子。

冰心的丈夫吴文藻与林徽因的丈夫梁思成同为清华1923级毕业生，且二人在清华同一寝室。由于梁思成遭遇车祸，比吴文藻晚一年出国。1925年暑期，已是恋人关系的冰心与吴文藻（二人同一条轮船抵美留学）到胡适曾就读过的康奈尔大学补习法语，梁思成与林徽因也双双来到康奈尔大学访友。于是两对恋人在美丽的山川秀水间相会，林徽因与冰心还留下了一张珍贵的生活照。从照片上看，几个人正在泉水边野炊，冰心着白色围裙，手握切刀正在切菜，而林徽因则在冰心的背后，微笑着面对镜头。

冰心对梁任公非常敬重，梁启超对冰心自然也呵护有加。冰心特别喜欢龚自珍的"世事沧桑心事定,胸中海岳梦中飞"一句诗,梁启超便锦上添花地手书此诗赠予冰心,冰心将其视为珍宝,60余年一直带在身边,每到一地便悬于案头,直至离世。

徐志摩遇难后,冰心给梁实秋的信中关于徐的部分是这样说的:"志摩死了,利用聪明,在一场不人道、不光明的行为之下,仍得到社会一班人的欢迎的人,得到一个归宿了! 我仍是这么一句话,上天生一个天才,真是万难,而聪明人自己的糟蹋,看了使我心痛。 志摩的诗,魄力甚好,而情调则处处趋向一个毁灭的结局。""人死了什么话都太晚,他生前我对着他没有说过一句好话,最后一句话,他对我说的:'我的心肝五脏都坏了,要到你那里圣洁的地方去忏悔。'我没说什么,我和他从来就不是朋友,如今倒怜惜他了,他真辜负了他的一股子劲! 谈到女人,究竟是'女人误他'还是'他误女人'也很难说。 志摩是蝴蝶,而不是蜜蜂,女人的好处就得不着,女人的坏处就使他牺牲了。 到这里,我打住不说了!"

1933年天津《大公报》文艺副刊开始连载冰心《我们太太的客厅》。 冰心的这篇小说发表后引起平津乃至全国文化界的高度关注。 作品中,无论是"我们的太太",还是诗人、哲学家、画家、科学家、外国的风流寡妇,都有一种明显的虚伪、虚荣与虚幻的鲜明色彩,这"三虚"人物的出现,对社会、对爱情、对己、对人都是一股颓废情调和萎缩的浊流。 冰心以温婉伴着调侃的笔调,对此做了深刻的讽刺与抨击。

当时尚是一名中学生、后来成为萧乾夫人的翻译家文洁若在《林徽因印象》一文中说:"我上初中后,有一次大姐拿一本北新书局出版的冰心短篇小说集《冬儿姑娘》给我看,说书里那篇《我们太太的客厅》的女主人公和诗人是以林徽因和徐志摩为原型写的。徐志摩因飞机失事而不幸遇难后，家里更是经常谈起他，也提到他和陆小曼之间的风流韵事。"

对于冰心与林徽因的关系，李健吾回忆："我记起她（林徽因）亲口讲起的一个得意的趣事。冰心写了一篇小说《太太的客厅》讽刺她，因为每星期六下午，便有若干朋友以她为中心谈论时代应有的种种现象和问题。她恰好由山西调查庙宇回到北京，她带了一坛又陈又香的山西醋，立时叫人送给冰心吃用。她们是朋友，同时又是仇敌。"这年的10月，林徽因与梁思成、刘敦桢、莫宗江等人赴山西大同调查研究古建筑及云冈石窟结束，刚刚回到北京。从时间上看，李健吾所说的送醋之事有一定的根据。

1938年之后，林徽因与冰心同在昆明居住了近三年，且早期的住处相隔很近（冰心先后住螺蜂街与维新街，林徽因住巡津街），步行只需十几分钟，但从双方留下的文字和他人的耳闻口传中，从未发现二人有交往的经历。

1987年，晚年的冰心在《入世才人灿若花》中列举五四以来著名女作家，其中公开赞美林徽因说："1925年我在美国的绮色佳会见了林徽因，那时她是我的男朋友吴文藻的好友梁思成的未婚妻，也是我所见到的女作家中最俏美灵秀的一个。后来，我常在《新月》上看到她的诗文，真是文如其人。"

时间到了1992年6月18日，中国作协的张树英、舒乙登门拜访冰心，咨询王国藩起诉《穷棒子王国》作者古鉴兹侵犯名誉权一案，冰心在谈话中有意无意地承认了自己曾经利用小说进行影射的历史事实："《太太的客厅》那篇，萧乾认为写的是林徽因，其实是陆小曼，客厅里挂的全是他的照片。"

第六章

女人的幸福离不开家

好女人是男人的学校

一个有胸怀和境界的男人,应该信任并尊重女人的感情。梁思成在徐志摩生前一直与之保持着良好的朋友关系,他深知徐、林过去的交往,不仅能够包容徐志摩融入自己和林徽因的生活当中,并尊重和理解妻子的感情。

当年徐志摩坠机身亡时,梁思成亲赴出事地点,参与料理善后事宜,带回一小块失事的飞机残骸。林徽因将失事飞机的残骸收藏了一辈子,以表达对徐志摩的永久怀念。

梁思成对林徽因的尊重和包容,即便是后人看来也都是非常感动的。这等的胸怀,又怎么能让林徽因不感动呢?

对于徐志摩,林徽因说:"他若是活着,我待他恐怕也是不能改的了。"

很多年后,她和儿子谈起过这段旧事时认真说道:"其实徐志摩他爱的并不是真正的我,而是他用诗人的浪漫情绪想象出来的林徽因,可我其实并不是他心目中所想的那样一个人。"

人死后,到底去了哪里?

因为思念,亲人朋友习惯于回顾故人生前的种种举动和话语,好像一切都有预兆,抑或只是我们多想了?

徐志摩在离婚时给梁启超的信中写道:我在茫茫人海中寻找我灵魂之伴侣,得之我幸,不得我命。这话挺宿命的……

徐志摩在1930年《诗刊》的创刊号上发表了《爱的灵感》：

> 现在我
> 真真可以死了，我要你
> 这样抱着我直到我去，
> 直到我的眼再不睁开，
> 直到我飞飞飞去太空，
> 散成沙散成光散成风，
> 啊苦痛，但苦痛是短的，
> 是暂时的；快乐是长的，
> 爱是不死的！
> 我，我要睡……

1931年11月19日，徐志摩因为飞机失事罹难。

噩耗传来，林徽因当场昏倒在地。虽说死生有命，但林徽因心里的那个结，几乎从得到噩耗的那一刻起，就开始种下。

下午，梁思成、林徽因、张奚若、陈雪屏、钱端升、张慰慈、陶孟和、傅斯年等相聚胡适家中，众人相对凄婉，张奚若恸哭失声，林徽因潸然泪下。22日下午，受北京学界同人委派的梁思成、张奚若、沈从文等人于不同地点赶到济南白马山，收殓徐志摩的遗骸。梁思成带去了他与林徽因专门赶制的小花圈以示哀悼。

世上没有不吵架的夫妇。婚姻是叫两个个性不同、性别不同、兴趣不同、本来过两种生活的人去共过一种生活。假定你们不吵架，一点人味都没有了。你们此去要一同吃，一同住，一同睡，一同起床，一同玩。世上哪有习惯、口味、嗜好、志趣完全相同的两个人。

向来情人都很易相处的，一结婚就吵起架来。这是因为在恋爱时代，大家尊重各人食寝行动的自由，一结婚后必来互相干涉。

吵架的原因看似多种多样，其实只有一个：对自己来说很大的事（重要的事），对对方来说却很小，不值一提，或者更相反。

林徽因、梁思成夫妻的确发生过一次激烈争吵，事后梁思成乘火车去上海出差。林徽因痛哭不已，中间只睡了三四个小时。而梁思成在火车上连发了两封电报和一封信，两人重归于好。

中国俗话说"文章是自己的好，老婆是别人的好"，但梁思成却说"老婆是自己的好，文章是老婆的好"，仅此一句就可以看出他对林徽因的爱和欣赏有多深。自1928年8月学成回国后，林徽因与梁思成便投入到建筑研究中，他们用现代科学方法研究中国古代建筑，为中国古代建筑研究奠定了坚实的科学基础，成为这个学术领域的开拓者，并一起创建了清华大学建筑系。1931年，林徽因受聘于北京"中国营造学社"；次年，她为北京大学设计地质馆，并与梁思成共同设计北大沙滩灰楼学生宿舍。从1930年到1945年，他们夫妻二人共同考察测绘了两百多处古建筑物，很多古建筑就是通过他们的考察得到了全国和全世界人民的认识，从此加以深护。

在林徽因生命的最后几年里，夫妻二人几乎把全部心血都花在古建筑的研究和保护上。他们想把北京城这"都市计划的无比杰作"，作为当时全世界仅存的完整古城保存下来，成为一个"活着的博物馆"留给后人。作为建筑师，梁思成的光芒远远盖过林徽因，但他的成功与林徽因是分不开的。正如梁思成自己所说，他的很多文章以及研究成果，都浸透着林徽因的心血，许多建筑学著作都是他俩合作著成的。

2004年6月10日,在清华大学建筑学院举行的"林徽因百年诞辰纪念会"上,他们的女儿梁再冰说:"她和我父亲梁思成是长期的合作者,这种合作基于他们共同的理念,和他们对这个事业的献身精神。"

在林徽因的一生中,她总是有做不完的事,外出考察、写考察报告、教学、写作、和沙龙中的朋友以及学界同仁交流,等等,她似乎超越了一个女人的普通职责,忽略了家庭的义务,成了一个强势的女子。

林徽因曾这样表述自己内心的矛盾:"每当我做些家务活儿时,我总觉得太可惜了,觉得我是在冷落了一些素昧平生但更有意思、更为重要的人们。于是,我赶快干完手边的活儿,以便去同他们'谈心'。倘若家务活儿老干不完,并且一桩桩地不断添新的,我就会烦躁起来。所以我一向搞不好家务,因为我的心总有一半在旁处,并且一路上在诅咒我干着的活儿(然而我又很喜欢干这种家务,有时还干得格外出色)。

"反之,每当我在认真写着点什么或从事这一类工作时,同时意识到我怠慢了家务,我就一点也不感到不安。老实说,我倒挺快活,觉得我很明智,觉得我是在做着一件更有意义的事。只有当孩子们生了病或减轻了体重时,我才难过起来。有时午夜扪心自问,又觉得对他们不公道。"

都说好女人上得厅堂,下得厨房。作为才貌双全的林徽因到底会做饭吗?做饭好吃吗?答案是:林徽因不仅会做饭而且还做得很好吃。只是她不常做饭,也不喜欢做饭。况且她大半生都和肺结核做斗争,厨房的环境对她的健康很不利。

林徽因在给胡适的信中写道:"现在身体也不好,家常负担也繁重,真怕从此平庸处世,做妻生仔地过一世。"可以看出林徽因有着自己的事业追求。

这些琐事使她觉得浪费了宝贵的生命，而耽误了本应做的一点对于他人、对于读者更有价值的事情。

林徽因父亲林长民的日记记述："徽女、节之自烹饪豉油煮笋、红烧鸡、皆颇精美。"

在北总布胡同的日子里，林徽因正在经历着她可能是生平第一次操持家务的苦难。并不是她没有仆人，而是她的家人包括小女儿、新生的儿子，以及可能是最麻烦的，一个感情上完全依附于她的、头脑同她的双脚一样被裹得紧紧的妈妈。

中国的传统要求她照顾妈妈、丈夫和孩子们，监管六七个仆人，还得看清楚外边来承办伙食的人和器物，总之，她是被要求担任"家庭经理"的角色。这些责任要消耗掉她在家里的大部分时间和精力。

户外的差事都交给仆人去做。家里的女主人通常只是在走亲戚、参加葬礼或特殊的庆典时才外出。林徽因当然是过渡一代的一员，对约定俗成的限制是有反抗精神的。

她不仅在英国和美国，而且早年在中国读小学时都是受的西方教育。她在国外过的是大学生的自由生活，在沈阳和梁思成共同设计的也是这种生活。可是此刻在家里一切都像要使她铩羽而归。

她在书桌或画板前没有一刻安宁，可以不受孩子、仆人或母亲的干扰。她实际上是这十个人的囚犯，他们每件事都要找她做决定。她讨厌在画建筑草图或者写一首诗的当中被打扰，但是她不仅不抗争，反而把注意力转向解决紧迫的人间问题。

在梁家起居室的乱七八糟的生活方式中，老是有一些事情发生，特别是那忠心耿耿的女用人陈妈经常要出出进进，把一些麻烦事告诉她，要她做决定，每一件麻烦事，不论是发生在家里还是在隔壁人家，都要以这种方式提交给她去想办法。

在逃难的日子，1940年的昆明，他们建了自己的房子，有三个大一点的房间，一间原则上归林徽因用的厨房和一间空着的用人房。但在那个年代，梁思成和林徽因是请不起用人的，家中的日常生活都靠林徽因亲力亲为，从打扫庭院、到村子里去采购和做饭、收拾和洗涮，都是她一个人去做。她还有营造学社繁重的资料整理等工作。

金岳霖说："有一次在几个欧亚航空公司的人跑警报到龙头村时，林徽因炒了一盘荸荠和鸡丁，或者是菱角和鸡丁。只有鸡是自己家里的，新成分一定是跑警报的人带来的。这盘菜非常好吃，尽管它是临时凑合起来的。"

陈从周说："1953年夏，林、梁二先生在清华园家中小宴，招待我与刘敦桢先生，那时她身体不太健康，可是还自己下厨房，亲炙菜肴招待客人，谈笑仍那么风生，不因病而有逊态。"

你给孩子什么

读书,不是一个人一段时间做的事,它是持续的过程,活到老,学到老。

首先要鼓励孩子多读书,根据孩子不同的年龄段及其兴趣爱好,为孩子提供合适的书籍。家长最好和孩子一起读书,多和孩子交流图书的内容,以培养孩子的兴趣。要为孩子创造读书的氛围。可以考虑在固定的时间,为孩子提供安静的读书环境,让孩子养成读书的习惯。

无论是在昆明还是在李庄,林徽因都会让梁思成帮她借阅中外书籍,尽可能地丰富自己的头脑,吸取知识的养分,让自己不因环境的窘迫而难过,把自己塑造一个内心强大的知识型爱国者。

在给费慰梅的信中,林徽因写道:"顺便说说,我最近的阅读范围很广,包括《战争与和平》《通往印度》《狄斯累利传》《维多利亚女王传》《元朝宫殿》《清宫秘史》《宋代堤堰和墓室建筑》《洪氏年谱》《安那托里·佛兰西外史》《卡萨诺瓦回忆录》《莎士比亚全集》《安德烈·纪德全集》塞缪尔·巴特勒的《品牌品牌品牌》、梁思成的手稿、小弟(梁从诫)的作文(实际上也有梁再冰的日记)和孩子们喜爱的《爱丽思漫游记》中文译本。"

这样一位内心世界如此丰富、学识渊博的母亲,也在生活中用同样的方式教育着自己的孩子。

梁从诫说:"她这位母亲,几乎从未给我们讲过什么小白兔、大灰狼之类的故事。除了给我们买了大量的书要我们自己去读之外,就是以她自己的作品和对文学的理解来代替稚气的童话,像对成年人一样地来陶冶我们幼小的心灵。"

林徽因非常擅长朗诵。在昆明时,她把《战国策》里的《唐雎不辱使命》一文读给梁再冰姐弟听,当时小从诫才7岁。林徽因一面讲解,一面表演。她扮演着唐雎的表情,两眼一扬,厉声读道:"'若士必怒,伏尸二人,流血五步,天下缟素,今日是也。'拔剑而起。"接着语音一顿,突然柔缓,低沉下来:"秦王色挠,长跪而谢之曰:'先生坐,何至于此,寡人谕矣!'"

林徽因在病榻上给一对儿女用英文朗读儿童诗《小熊温尼》,还有英文的《米开朗琪罗传》。对于小孩子来说太过深奥,林徽因就读一章,讲一章,给姐弟俩讲述米开朗琪罗的事迹。米开朗琪罗那种对艺术的执着追求引起了她的共鸣,她很动情地为小姐弟详细描述了米开朗琪罗为圣彼得教堂穹顶作画时的艰辛。

林徽因非常喜欢屠格涅夫的《猎人日记》,她要求儿女一句句地去体味屠格涅夫对自然景色的描写。

有时林徽因兴致很好,便喜欢让小姐弟坐在她的床边,轻轻为他俩朗读她旧日的诗、文。梁从诫说:"她的诗本来讲求韵律,比较'上口',由她自己读出,那声音真是如歌。"

林徽因常常读古诗词给孩子们听,有《琵琶行》《长恨歌》"剑外忽传收蓟北""家祭毋忘告乃翁"等。

梁从诫1932年出生于北京,从诫这个名字,是梁思成所取,意在向宋代《营造法式》的作者李诫致敬,也是希望儿子能继承父母衣钵,进入建筑设计领域。

梁从诫5岁那年,卢沟桥事变爆发。1937年9月5日凌晨,梁思成夫妇携家人开始向大西南撤退,由天津到长沙。

伴着空袭警报,他们生活在这个因战争变得拥挤的城市。 幼小的梁从诫曾问母亲为什么要逃,林徽因说:"不愿当亡国奴,不愿看日本旗。"他们在长沙租屋住下,但日机第一次轰炸,就把住处炸毁,庆幸那天全家外出。 梁从诫说:"他仅有的童年记忆,是跟母亲在瓦砾中挖掘家里的东西,母亲找能用的炊具,而他找积木。"

山河破碎、颠沛流离的童年生活,成为梁从诫永难磨灭的童年印记。

1939年冬天,一家人辗转来到昆明市郊区的龙头村,"父亲在一块借来的地皮上请人用未烧制的土坯砖盖了三间小屋,这竟是两位建筑师一生中为自己设计建造的唯一一所房子"。 可惜房子盖好之后,一家人只住了半年,就因战事逼近不得不搬到更加偏僻和艰苦的四川李庄,抵达不久,林徽因的肺结核暴发。

"家里买不起鞋,我就打赤脚或穿草鞋上学。 我的脚后跟被草鞋磨破了,化了脓,父亲叫我趴在椅子上,问我,怕疼不怕,我咬着牙说,不怕。 他就嚓一剪刀,把一块坏死的肉生生给我剪了下来,然后往伤口上倒碘酒。 疼得我眼前直冒金星,但我一声没吭。 他只说了一句,好孩子。"

林徽因在1941年给费正清夫妇的信中写道:"我的两个孩子越来越像狄更斯笔下贫民窟里的难童,从诫腿上满是各种蚊虫叮咬的疤痕,看上去已经不像腿了。"

1942年,在极为困顿的条件下,梁思成开始书写《中国建筑史》,梁从诫回忆当时的父亲:"那个时候他唯一的特权,就是有一盏煤油灯。 他说这是人生的一大享受,听音乐,画佛像。"

母亲那时经常给从诫讲米开朗琪罗、贝多芬,和他一起读《猎人笔记》。 父亲教儿子画画,做各种玩具。 在艰难岁月里,父母终于完成了《中国建筑史》等扛鼎之作。 对于这段生活,梁从诫不胜怀念:"我们的生活总是充满欢笑,精神上很富足。"

有福同享，有难同当

在林徽因的人生里，经历过鲜花着锦般的美好，也经历了战乱、困厄与病痛。

抗战爆发后，梁思成、林徽因夫妇和他们的亲朋好友，如梁思永、金岳霖、李济、傅斯年、胡适、梅贻琦、陶孟和、沈性仁等人流亡西南，与祖国同呼吸、共命运。

在那段坎坷动荡的岁月里，中国知识分子于艰难困苦中壮志满怀，致力于中国文化研究和传播，表现出不屈不挠的奋斗抗争精神。

梁氏夫妇在苦难中，淡泊于天命和平常，胸怀更伟大的理想。他们相互扶持，一同走过了那段艰苦的岁月。

李健吾说："她是林长民的女公子，梁启超的儿媳。其后，美国聘请他们夫妇去讲学，他们拒绝了，理由是应该留在祖国吃苦。"

卢沟桥事变爆发的时候，林徽因和梁思成都不在北京，那时他们正在山西五台山一带考察古代庙宇。就在"七七事变"这一天，他们发现了佛光寺是唐代建筑。在山里，见不到报纸，只顾工作，外面的事什么都不知道。直到几天之后来到代县，才知道北京发生了战事。平汉路的火车不通了，好在平绥路没有断，他们先到大同，坐平绥路的火车回到北京。

当时北京还在中国军队的手里，守军在他们家门前也挖了战壕。没想到，过了几天，早上起来后外面静悄悄的，出门一看，原来中国军队夜里悄悄撤走了。接着日本军队开进城，一枪都没放，北京就沦陷了。

北京沦陷后，梁思成便决定：一有机会赶紧离开，响应政府的号召，到大后方去。9月初，他们两口子，两个孩子，加上林徽因的母亲，乘火车去了天津。

在天津小住了一段时日，10月初，一家人开始往长沙进发，这是当时中央政府给文化机关、研究机构定的一个重要集结地。历时20多天，上下舟车16次，进出旅店12次，终于在10月下旬到了长沙。

在长沙过了一段相对平安的日子，大约两个月的样子，不久战局紧张，又开始往昆明撤退。从长沙到昆明，原本10天的路程，他们走了差不多40天。

林徽因在路上患了肺炎，发高烧，在晃县一家小旅馆里一住就是两个星期，烧退了才继续上路。到了贵阳又休息了十几天，这样走走停停，到昆明已是1938年1月中旬了。梁家是当时撤退的文化人中第一批到达昆明的。

由于肺炎一直没有痊愈，到四川李庄后，终于引发了结核病。

卢沟桥事变爆发后，平津地区人心惶惶，谣言四起，各政府机关及工商界人士于纷乱中开始自寻门路，纷纷撤离逃亡。以北大、清华、南开、北京大学、燕京大学等著名高校为代表的教育界，一派惊恐、慌乱之象，一些人悄然打点行装，纷纷向城外拥去。

7月16日，面对华北当权者宋哲元等战和不定的暧昧态度，北京高校的查良钊、罗隆基、潘光旦、郑天挺、金岳霖以及中国营造学社的梁思成、刘敦桢等26位教授和文化名人，联名致电正在庐山参加座谈会的军政要员,吁请政府坚决抗日。

在内外交困、险象环生的大混乱、大动荡的危难时刻,梁思成于匆忙中来到中山公园内营造学社总部,找老社长朱启钤和同人商量对策。在如此混乱的局势下,中国营造学社已无法正常工作,只好宣布暂时解散。老社长朱启钤因年老体衰不愿离开北京,学社的遗留工作以及学社未来的希望,都托付给梁思成负责。但大量的调查资料、测稿、图版及照相图片等如何处置成为棘手问题,为了不使这批珍贵文化资料落入日本侵略者之手,朱启钤、梁思成、刘敦桢等人决定暂存入天津英租界英资银行地下仓库,"所定提取手续,由朱启钤、梁思成和一位林行规律师共同签字才行",三人缺一,不能开启。

而就在此时,梁思成突然收到了署名"东亚共荣协会"请柬,邀请他出席会议并发表对"东亚文化共荣圈"的看法。梁思成深知日本人已经注意到自己的身份和在北京文化界的影响,要想不做和日本人"共荣"的汉奸,就必须立即离开北京。他与爱妻林徽因一面联系可结伴流亡的清华大学教授,一面尽快收拾行李,准备第二天出城。

梁思成将车开回家中,与林徽因一道收拾家什。仓皇中,除了必须携带的几箱资料和工作用品,生活方面只带了几个铺盖卷和一些随身换洗的衣服,其他所有的东西不管贵重与否,只好一概"弃之不顾"了。

在休息的空当,林徽因拿出纸笔,给她的美国好友费慰梅写了一封告别信:"思成和我已经为整理旧文件和东西花费了好几个钟头了。沿着生活的轨迹,居然积攒了这么多杂七杂八!看着这堆往事的遗存,它们建立在这么多的人和这么多的爱之中,而当前这些都正在受到威胁,真使我们的哀愁难以言表。特别是因为我们正凄惨地处在一片悲观的气氛之中，前途渺茫……"

国难当头，流亡到长沙的知识分子从内心深处生发出一种悲愤交织的情愫，这种情愫又迅速铸成哀兵必胜、置之死地而后生的坚强信念，一种与国家民族同生死共患难的英雄主义气概，于这个群体中迅速蔓延、升腾。

梁再冰几十年后对这种令人热血翻滚、魂魄激荡的情愫和气概都记忆犹新："那时，父亲的许多老朋友们也来到了长沙，他们大多是清华和北大的教授，准备到昆明去筹办西南联大。我的三叔梁思永一家也来了。大家常到我们家来讨论战局和国内外形势，晚间就在一起同声高唱许多救亡歌曲。'歌咏队'中男女老少都有，父亲总是'乐队指挥'。我们总是从'起来，不愿做奴隶的人们！'这首歌唱起，一直唱到'向前走，别后退，生死已到最后关头！'那高昂的歌声和那位指挥的严格要求的精神，至今仍像一簇不会熄灭的火焰，燃烧在我心中。"

上海沦陷后，日军一面围攻南京，一面派飞机对中西部城市展开远程轰炸，长沙就是在被攻击范围之内。不久，梁思成一家即遭到了敌机炸弹的猛烈袭击，灾难来临。

1937年11月24日，下午一点半。大批日机首次空袭长沙。由于事先没有警报，梁思成以为是所谓苏联援助中国的飞机到了，而这些飞机很可能是为保护人民大众和流亡的知识分子特地在长沙上空守航。刹那间，几个小黑点从飞机的肚子里喷射而出，"嗖、嗖"地向火车站飞去，那显然是被轰炸的目标，而这座初次经受战争洗礼的城市竟没有向市民发出任何警报。

梁思成抱起8岁的女儿梁再冰，屋中的妻子林徽因顺势抱起了5岁的儿子梁从诫，搀扶着一直跟随自己居住的母亲向楼下奔去。就在这一瞬间，炸弹引爆后的巨大冲击波将门窗"轰"的一声震垮，木棍与玻璃碎片四处纷飞。随后，又有几枚炸弹落到了院内。院墙上的砖头、石块随着腾起的火焰向外迸飞，林徽因抱着儿子当场被震下阶梯，滚落到院中，整个楼房开始轧轧乱响，门窗、隔扇、屋顶、天花板等木制装饰物瞬间坍塌，劈头盖脸地砸向梁思成和怀中的女儿……

等梁氏一家冲出房门，来到火焰升腾、黑烟滚滚的大街时，日机再次实施俯冲，炸弹第三轮呼啸而来，极度惊恐疲惫的梁思成、林徽因同时感到"一家人可能在劫难逃"了，遂相互搂在一起，把眼一闭，等着死神的召唤。出乎意料的是，落在眼前的那个"亮晶晶家伙"在地下打了几个滚儿后不再吭声——原来是个哑弹。梁氏一家侥幸死里逃生。

当晚，梁家几口无家可归，清华大学教授张奚若把自己租来的两间屋子让出一间给梁家居住，张家五口则挤在另一个小房间里。第二天，梁思成找来几人，把家中日用物品慢慢从泥土瓦砾中挖掘出来。

据梁从诫说，当梁思成回到被炸塌的房前时，发现在一块残垣断壁上有一个人形的清晰血印。据目击者称，此人被炸弹的冲击波平地抛起后，重重地撞在墙上，留下了这个鲜明的血色印记，墙上的人自然成为一块模糊的肉饼。

敌机持续轰炸，整个长沙动荡不安，梁思成、林徽因夫妇意识到在此很难做成什么事情，遂萌生了离开长沙前往昆明的念头。按他们的设想，远在中国大西南的昆明，离战争硝烟或许还有一段距离，既可以暂时避难，又可以静下来做点学问，是个一举两得的理想处所，于是决心奔赴昆明。

12月8日，梁思成、林徽因一家五口搭乘一辆超载的大巴车向苍茫的西南边陲重镇——昆明奔去。

大战在即，而长沙与武汉只有300千米之距，一旦武汉失守，敌人必溯水而上，长沙势难独撑。面对危局，无论是刚组建不久的临时大学，还是中央研究院在长沙的研究所，又一次面临迁徙流亡的历史性抉择。

何处才是安身之地？长沙临时大学委员会在迁往重庆还是昆明之间摇摆不定，有师生认为立足方定，正好弦歌不辍，倘再兴师动众迁徙，不但劳民伤财，荒时废业，甚至是杞人忧天，自寻烦恼。湖南省政府主席张治中闻讯，同样认为迁校无此必要，并表示："即使长沙不安全，尽可以在湖南另找一地，省政府仍愿全力支持办学。"广西政府听到消息，迅速派员赴长沙与临时大学常委们接洽，积极建议迁到桂林或广西别的安全城市，广西政府和人民愿意倾全力支持云云。

对于这些建议，常委会经过慎重考虑，认为武汉万一弃守，长沙必遭攻击，到那时整个城市将陷入混乱和战火之中，再想从容迁徙就万般困难了，后果将不堪设想。为学校能够从容不迫地办下去，必须未雨绸缪，在长沙遭受敌军攻击之前就要转移到一个相对安全的地方。

经过反复研讨，最后决定迁往云南省会昆明。昆明地处西南，距前线较远，且有滇越铁路可通海外，采购图书设备比较方便。更重要的战略意义还在于，一旦内陆全部被日军攻占、封锁，还可通过滇越铁路在西南之地甚至海外予以周旋，为民族复兴保存最后一批文化种子。

当时云南省政府主席龙云得知以后，表示出极大热情。对于这一方案，王世杰与教育部官僚均不敢定夺。蒋梦麟于焦急中径直赴武汉面见蒋介石陈述，但不便向车胎上扎针——泄气，因此没有直白地说一旦武汉弃守之类的丧气话，只说昆明可通安南直达海外等等，蒋介石心知肚明。经过反复磋商，终于在1938年1月上旬得到最高当局批准。

1月20日，长沙临时大学常委会做出即日开始放寒假，下学期在昆明上课的决议。规定全体师生于3月15日前在昆明报到，同时通过了一系列迁校的具体办法，组建了由蒋梦麟为主任的昆明办事处。2月15日，蒋梦麟飞赴昆明，主持建校事宜。

对自己的壮志难酬，林徽因是深有感触的。抗战期间，她写给好友沈从文的信中，备述自己人生的困顿与无奈。时间是在她一家经过39天的长途跋涉，来到昆明之后，信中说："现在的生活的压迫似乎比以前更有分量了。我问自己30（岁）底下都剩些什么，假使机会好点我有什么样的一句话说出来，或是什么样的事好做，这种问题在这时候问，似乎更没有回答——我相信我已是一整个的失败，再用不着自己过分的操心。"

接着，她用在黔滇公路上看到的情景比喻了自己的身体，也是比喻了自己的大半生，她是这样说的：

"我看黔滇公路上所用的车辆颇感到一点同情，在中国做人同在中国坐车子一样都要随时承受那种待遇，磨到焦头烂额，照样有人把你拉过来推过去爬着长长的山坡，你若是懂事多了，挣扎一下，也就不见得不会喘着气爬山过岭，到了你最后的一个时候。"

上面提到的那封给沈从文的信中，林说，到如今她还不太明白，她们来到昆明是做生意，是"走江湖"，还是"社会性骗子"——因为梁老太爷的名分，人家常抬举他们夫妇，所以常常有些阔绰的应酬需要他们笑脸应付——这样说来，好像是牢骚，其实也不尽然，事实上此中情感良心均不得平衡！这话的意思是说，比起前线的将士来，他们的生活太好了，而却不能做些直接有助于抗战的工作。

写这封信的时候，他们住的是云南省主席的别墅，20世纪30年代的中国，提起梁启超的名字，可说无人不知晓，无人不敬重，梁启超的大公子，自然要给足面子。

1938年8月，西南联大聘请梁思成、林徽因为校舍建筑工程顾问。

由于中国营造学社与史语所的依附关系，梁思成、林徽因及学社的其他同人，尽管对迁往偏僻的李庄很不情愿，但要继续从事学术研究，就必须依靠史语所的图书，万般无奈中，只好随车前往。

梁思成在给好友费正清的信中写道："这次迁移使我们非常沮丧。它意味着我们将要和已经有了十年以上交情的一群朋友分离。我们将要到一个除了中央研究院的研究所以外远离任何其他机关、远离任何大城市的一个全然陌生的地方。大学将留在昆明，老金、端升、奚若和别的人也将如此。不管我们逃到哪里，我们都将每月用好多天、每天用好多小时，打断日常的生活——工作、进餐和睡眠来跑警报。但是我想英国的情况还要糟得多。"

梁思成在行前突发高烧，只得暂时留下休养。林徽因独自带着两个孩子和母亲，随史语所第一批车队专门为家眷空出的一辆有篷客车，于10月2日离开了昆明向四川李庄进发。

她们所乘的那辆特殊的客车里面装载了30多人，其年龄从70岁的老人一直到怀中的婴儿，各个年龄段的男女应有尽有。由于人多物杂，车厢拥挤不堪，每个人只好采取"骑马蹲裆式"，把两脚叉开坐在行李卷上，尽量缩小占有空间，随着车的颠簸动荡苦熬时日。

从昆明到李庄，一路要过曲靖、宣威、黑石头、赫章、威宁、毕节、叙永、蓝田坝等地。除了其他几个地方的艰难险阻，在黑石头、赫章、威宁一带的山区，其实都很危险，因为夜晚老虎会下山觅食，人都不敢出来。在黑石头、赫章，司机、副手会留在车内，锁上车门，不敢出来。到了威宁，地方稍微平坦一些，车子可以围在一块，司机还是留在车内，万一有老虎过来，司机可以打开车灯吓走老虎。

史语所由昆明派出的第一批车队行程并不顺利，一辆车在易隆附近的山区翻车，一辆中途抛锚，只有趴在山野草莽中暂且与虎狼为伴，林徽因等人乘坐的眷属车也遇到了麻烦。据梁从诫回忆："到威宁县城，天已全黑，而车子在离城门几里处突然抛锚。人们既不能卸下行李进城，又怕行李留在车里被人抢劫，最后只好全车人留在卡车里过夜。而我又偏偏发起高烧，妈妈只好自己拖着一家人进城为我找医生。次晨听说，夜里狼群竟围着车厢嗥了半宿。"

1941年1月18日，傅斯年从重庆匆匆赶往李庄，主办分房事宜。直到一个月后，梁思成才随史语所最后一批车队赶到李庄。此时，营造学社的另一位重要支柱刘敦桢和林徽因等人，已在李庄郊外约1.5千米的上坝月亮田找到了一处农舍安居下来。

这所农舍属于普通的川南民宅，原有几个当地农民住居，林徽因来后他们搬到别处，把院房全部让给了营造学社。其布局为前后两个较大的院落，院中各有平房几间，梁思成一家与刘敦桢一家各占一部分，用于日常生活，其余的房屋作为营造学社的办公室用房。梁思成到来后，在本地找了几个木匠制作了几张桌子与条凳，算是办公用具，以备同人看书、绘图、写作之用。

中国营造学社总算安顿下来，条件虽苦，但毕竟有史语所的图书可参看，有过去野外考察的大批资料可供整理、编写，有一个相对安静的环境，学问可以慢慢做下去。

至此，李庄的外来人员达到了 11000 人之众，这些"下江人"在抗战烽火中，随着他们就读和服务的学校与学术机构，在这块陌生的土地上生根发芽，开始了新的生命历程。

梅贻琦一行刚刚离去，成百上千的土匪就开始从四面八方向李庄云集而来，并对史语所实施抢劫。此举令史语所、社会学所、同济大学，以及中国营造学社的梁思成、林徽因等人大为惊慌，急电重庆详述经过。傅、朱闻讯，同样大为震惊，立即向国民党最高当局报告，在俞大维、张群、陈布雷等高官的协助下，蒋介石亲自下达手谕，令成都行营与宜宾行署联合派兵剿匪，以保证李庄科研机关人员与同济大学师生的安全。成都与宜宾方面立即行动起来，急派一个师的兵力，由宜宾行署专员、原川康边防军副司令、陆军中将冷寅东任总指挥，乘火轮赶赴李庄对散落于长江两岸与山林荒野中的众匪予以围剿打击。

吃得苦中苦，方为人上人

不经历风雨，怎能见彩虹。没有人能随随便便成功。年轻时吃点儿苦，会成为人生的宝贵经历。古往今来，成大事者不乏历经磨难的人，挺过去就是成功。吃得苦中苦，方为人上人。

1. 有志者事竟成

对于身处李庄偏僻一隅的林徽因与同人来说，生活还要继续，并在连绵不绝的苦难中拼上性命，继续坚持着他们的学术事业。自离开北京南下后，辗转近万里的逃难，梁家几乎把全部"细软"都丢光了，但战前梁思成和营造学社同人们调查古建筑的原始资料——数以千计的照片、实测草图、记录等，却被紧紧地带在身边，完整地保留了下来——这是他们生命中被视为最宝贵的财富。

谁曾想，1939年夏季，天津暴雨成灾，整个市区呈水漫金山之势，那家银行的地下室顷刻间变成了一座水库，营造学社所存资料几乎全部被毁。消息两年后才传到李庄。此时，老金正在梁家，当听到这个不幸的消息时，林徽因伤心欲绝，梁思成与老金也流下了悲痛的热泪。

劫后余存的资料使营造学社同人倍加珍惜。在李庄上坝月亮田几间四面透风的农舍里，梁思成与刘敦桢、莫宗江、刘致平、陈明达等几位共患难的同事，请来当地木匠，做了几张半原始的白木头绘画桌，摊开他们随身携带的资料，着手全面系统地总结、整理营造学社战前的调查成果，梁思成开始撰写《中国建筑史》。

同时，梁思成、林徽因为了实现多年的夙愿，决定用英文撰写并绘制一部《图像中国建筑史》，以便向西方世界科学地介绍中国古代建筑的奥秘和成就。 凄风苦雨中，夫妇二人一面讨论，一面用一台古老的、噼啪震响的打字机打出草稿，又和他们亲密的助手莫宗江一道，处心积虑地绘制了大量英汉对照注释的精美插图。

此时，梁思成的颈椎灰质化病再度发作，常常被折磨得抬不起头来，他只好在画板上放一个小花瓶撑住下巴，以便继续工作。 林徽因只要身体稍感舒适，就半躺半坐地在床上翻阅《二十四史》和各种资料典籍，为书稿做种种补充、修改、润色工作。 床边那一张又一张粗糙发黄的土纸上，留下了病中林徽因用心血凝成的斑斑字迹。

林徽因不发烧时，也大量读书做笔记，协助梁思成做写《中国建筑史》的准备。 她睡的小小行军帆布床周围堆满了中外文书籍。 费正清夫妇和一些美国朋友，知道他们的情况后力劝他们到美国工作并治病，梁思成复信说：" 我的祖国正在灾难中，我不能离开她。 假使我必须死在刺刀或炸弹下，我要死在祖国的土地上……"

2. 保护人类遗产不分国界

林徽因一家在1937年11月与1939年1月两次险些于日军的轰炸中丧命，三弟林恒也于1941年在对日战争中阵亡。

1944年夏，美军已经对日军占领区和日本本土开始战略轰炸。在重庆，梁思成在罗哲文的协助下整理古迹遗址名单，在地图上标明位置,并向盟军提交了不要轰炸的建议。在梁思成建议保护的古迹名单中,大部分是中国的,也包括日本的。梁思成认为文物古迹是人类共同的文化遗产,应当受到保护,他的建议最终被采纳,使得遍布于日本京都和奈良城内的古代建筑,在战火中毫发未损。而之前美军对日本80座城市进行系统摧毁,仅东京在两次大轰炸中,分别死亡12万和10万人,广岛和长崎更是被原子弹夷为平地。

3. 爱是耐心

"生命的意义在于爱。"爱是耐心,是等待意义在时间中慢慢生成。

四川气候潮湿,冬季常阴雨绵绵,夏季酷热,对病人的身体很不利。

入川后不到一个月,林徽因肺结核症复发,病势来得极猛,一开始就连续几周高烧至四十度不退。李庄没有任何医疗条件,不可能进行肺部透视检查,当时也没有肺病特效药,病人只能凭体力慢慢煎熬。

好在随着天气转暖,林徽因发了几个月的烧有点消退,只是时退时烧,无法稳定,身体仍然十分虚弱,大多数时间都躺在行军床上,不能随意行动。

自林徽因病倒后,梁思成毫无怨言地承担起所有家务,并尽心竭力地照顾病妻的一切。由于李庄没有任何医疗条件,为了方便她治病,他学会了输液、打针,不厌其烦地把那些器皿用蒸锅消毒,然后分置各处,一丝不苟。细心的他扎血管几乎没失过手。

林徽因的病情,对本来生活就极其困难的梁家,可谓雪上加霜。在李庄镇读小学的梁再冰与梁从诫,也开始同父母一道经历生活的艰辛痛苦，此时的梁家穷得连一双普通的鞋子都买不起了。据梁从诫回忆，他几乎长年穿着草鞋或赤脚，只有到了最冷的冬天，才穿上外婆给他亲自缝制的布鞋。

此时营造学社没有固定经费来源。梁思成无奈只得年年到重庆向教育部请求资助，但"乞讨"所得无几，很快就会被通货膨胀所抵消。抗战后期物价上涨如脱缰之马，每月薪金到手后如不立即去买油买米，则会迅速化为废纸一堆。食品愈来愈贵，饭食也就愈来愈差，林徽因吃得很少，身体日渐消瘦，后来几乎不成人形。

为了略微变换伙食花样，梁思成在工作之余不得不学习蒸馒头、煮饭、做菜、腌菜和用橘皮做果酱等手艺。家中实在无钱可用时，只得到宜宾委托商行去当卖衣物，把派克钢笔、手表等"贵重物品"都"吃"掉了。他还常开玩笑地说："把这只表'红烧'了吧！这件衣服可以'清炖'吗？"

梁思成在给费慰梅的信中，也毫不掩饰地提到了李庄的生活。费慰梅说："从来信中看，那大大小小和形形色色的信纸，多半是薄薄的、泛黄发脆的，可能是从街上带回来，包过肉或菜的。有时候，也有朋友给的宝贵蓝色信纸。但共同的特征是，每一小块空间都填满了密密麻麻的字，天头地脚和分段都不留空，而最后一页常常只有半页或 1/3 页，其余的裁下来做别的用途。那用过了的信封，上面贴的邮票一望即知，当时即使是国内邮件，邮资也令人咋舌。我们终于明白，为什么一个信封里装了好几封信，这样一次寄出去，可以在邮资上避免一次挥霍。"

4. 贵人相助

在李庄的日子，林徽因的肺病更加沉重，每天只能躺在床上。

同时，梁思成的弟弟梁思永的肺病也加重了。

鉴于史语所与中国营造学社同人的生活都已"吃尽当光"，只剩了一个"穷"字，傅斯年意识到非有特殊办法不足以救治梁思永和林徽因之病症，于是1942年春天，贸然向中央研究院代院长朱家骅写信求助。

傅斯年和梁家兄弟的交情并不深，对梁启超还不无微词，但他佩服梁家兄弟，包括林徽因的人品学问，才仗义执言，他于1942年4月18日上书教育部长，转请蒋介石协助此事。

傅斯年之所以对梁家兄弟不遗余力地关心帮助，确如傅氏所言："名人之后，如梁氏兄弟者，亦复少！"是梁氏兄弟连同林徽因的人格魅力与出众的才华，以及在学术上所做出的世界性贡献，让傅斯年心甘情愿地负起了为之操劳关爱的使命。

营造学社之在昆明，与傅斯年本人及他主持的史语所或北大文科研究所并无关涉，梁思成等人后来之所以与史语所毗邻而居，实为借阅图书方便也。傅斯年之大慈大悲，除前文已述的原因外，也是他的性格使然。正如他在给胡适的一封信中坦言："（若）在太平之世，必可以学问见长，若为政府 persecuted，也还如是，惜乎其不然也。只是凡遇到公家之事，每每过量热心，此种热心确出于至诚。"又说："自己不自觉之间，常在多管闲事，真把别人的事弄成自己的事，此比有意识者更坏事，以其更真也。"遗憾的是，傅斯年一片热情与挚诚，未能改变梁思成与他主持的营造学社贫困之命运，不但远在美国的胡适没能捐到钱，即使近在眼前的中基会拨款也一减再减，直至逼得流亡到李庄贫病交加的梁家，靠变卖手表、旧衣物甚至一支小小的自来水笔苦撑时日。或许，正是处于这样一种境况的梁家，对傅斯年在李庄又一次所表现出的至诚至爱才更有切身之感。

不久后,林徽因给傅斯年写了一封长信,表达了自己的感念之情。

孟真先生:

接到要件一束,大吃一惊,开函拜读,则感与惭并,半天作奇异感!空言不能陈万一,雅不欲循俗进谢,但得书不报,意又未安。踌躇了许久仍是临书木讷,话不知从何说起!

今日里巷之士穷愁疾病,屯蹶颠沛者甚多。因为抗战生活之一部,独思成兄弟年来蒙你老兄种种帮忙,营救护理无所不至,一切医药未曾欠缺,在你方面固然是存天下之义,而无有所私,但在我们方面虽感到lucky(幸运),终总愧悚,深觉抗战中未有贡献,自身先成朋友及社会上的累赘的可耻。

现在你又以成、永兄弟危苦之情上闻介公,丛细之事累及咏霓先生,为拟长文说明工作之优异、侈誉过实,必使动听,深知老兄苦心,但读后惭汗满背矣!

尤其是关于我的地方,一言之誉可使我疚心疾首,夙夜愁痛。日念平白吃了三十多年饭,始终是一张空头支票难得兑现。好容易盼到孩子稍大,可以全力工作几年,偏偏碰上大战,转入井白柴米的阵地,五年大好光阴又失之交臂。近来更胶着于疾病处残之阶段,体衰智困,学问工作恐已无分(份),将来终负今日教勉之意,太难为情了。

素来厚惠可以言图报,唯受同情,则感奋之余反而缄默,此情想老兄伉俪皆能体谅,匆匆这几行,自然书不尽意。思永已知此事否？思成平日谦谦怕见人，得电必苦不知所措。希望咏霓先生会将经过略告知之，俾引见访谢时不至于茫然……

傅斯年为梁思成、梁思永兄弟送来的这笔款子，无疑是雪中送炭。

后来梁思成给费正清的信中写道："你们可能无法相信，我们的家境已经大为改善。每天生活十分正常，我按时上班从不间断，徽因操持家务也不感到吃力，她说主要是她对事情的看法变了，而且有些小事也让她感觉不错，不像过去动不动就恼火。当然，秘密在于我们的经济情况改善了。而最高兴的是，徽因的体重两个月来增加了八磅（1 磅≈0.45 千克）半。"

5. 相信"相信"的力量

一个外柔而内刚的女人，在关键时刻，有着清晰的思路，那也是一种所向披靡的勇气。林徽因的"内刚"可以用疾恶如仇来形容，就连她的父亲也深深佩服她这一点，称"她的敏捷锐利，鞭辟入里，不是不让须眉，简直是让须眉汗颜"。

抗日战争爆发的 1937 年，林徽因从佛光寺调查归来，曾写信给在北戴河居住的女儿梁再冰说："如果日本人要来占北京，我们都愿意打仗，那时你就跟着大姑姑去她们那边，我们就守在北京，等到打胜了仗再说。我觉得现在我们做中国人应该要顶勇敢，什么都不怕，什么都顶有决心才好……你知道你妈妈同爹爹都顶平安的在北京，不怕打仗，更不怕日本。"

"七七事变"之初，北京文化人，包括清华园的教授们，想留在沦陷区苟且者不乏其人。最终大多数陆续奔向后方，却还是有一些人留了下来，且不论个别附逆当了汉奸。林徽因是最先一批走的，毫不犹豫，拖着重病之躯，扶老携幼上路，舍弃了舒适生活和贵重家产，以及她看得比家产更重的学术资料。

为了躲避战乱，在最艰苦的时候，林徽因和梁思成蛰居乡下，当时他们的生活很不如意，经常处于困顿的状况中，而林徽因又是贫病交加，他们还常常需要面对生死考验，因为日本的轰炸机会时不时地从他们头上飞过。

这段时期，林徽因给在重庆工作的美国好友费慰梅的信中，较为详细地谈到了李庄的生活：

> 尽管我百分之百地肯定日本鬼子绝对不会往李庄这个边远小镇扔炸弹，但是，1小时之前27架从我们头顶轰然飞过的飞机仍然使我毛骨悚然——有一种随时都会被炸中的异样恐惧。它们飞向上游去炸什么地方，可能是宜宾，现在又回来，仍然那么狂妄地、带着可怕的轰鸣和险恶的意图飞过我们的头顶。我刚要说这使我难受极了，可我忽然想到，我已经病得够难受了，这只是一时让我更加难受，温度升高、心跳不舒服地加快……眼下，在中国的任何角落也没有人能远离战争。不管我们是不是在进行实际的战斗，也和它分不开了。

林徽因的内刚是发自骨子里的，是种天不怕地不怕的强性情。

梁从诫回忆母亲时谈道："有一次我同母亲谈起1944年日军攻占贵州独山并直逼重庆的危局，我曾问母亲，'如果当时日本人真的打进四川,你们打算怎么办?'她若有所思地说,'中国念书人总还有一条后路嘛,我们家门口不就是扬子江吗?'我急了,又问,'我一个人在重庆上学,那你们就不管我啦?'病中的母亲深情地握着我的手,仿佛道歉似的小声地说,'真要到了那一步,恐怕就顾不上你了!'听到这个回答,我的眼泪不禁夺眶而出。这不仅是因为感到自己受了'委屈',更多地,我确实被母亲以最平淡的口吻所表现出来的那种凛然之气震动了。我第一次忽然觉得她好像不再是'妈妈',而变成了一个'别人'。"

有一次,大汉奸汪精卫之妻陈璧君要在梁再冰就读的小学演讲,林徽因得知情况后,坚决不让她去听那次演讲,当时年幼的孩子非常不解:"同学都去了,为什么我不能去?"但林徽因依然坚持自己的意见。后来林徽因才知道,在梁再冰班里,就她女儿和张奚若的儿子张文朴没去,她很欣慰,国难当头,她怎么能容许自己的孩子去听主和派汉奸老婆的演讲呢?

国难当头,不灭的是信仰,在林徽因的散文《彼此》中可以看到她的一面。"当前的艰苦不是个别的,而是普遍的,充满整一个民族,整一个时代!我们今天所叫作生活的,过后它便是历史。客观地无疑我们彼此所熟识的艰苦正在展开一个大时代。所以别忽略了我们现在彼此地点点头。且最好让我们共同酸甜的笑纹,有力地,坚韧地,横过历史。"

6.内心的刚强是立世之本

李庄的生活,可谓林徽因一生中最忧郁的时刻,贫困交加。除疾病的折磨和生活的艰难,对林徽因的另一重大打击就是她弟弟林恒与其他飞行员朋友们的不断罹难。

自林徽因与梁思成结婚后，因父亲林长民已去世，林徽因的母亲与三弟林恒便跟梁家一起生活。"七七事变"时，已考取了清华的林恒受抗日爱国风潮影响，毅然决定退学，转而报考了空军军官学校，成为中国空军航空学校第十期学员。

1937年11月，梁家在雨雪交加中由长沙赶往昆明，在湘黔交界的晃县，林徽因因肺病病倒。梁思成携妻抱子，在那只有一条泥泞街道的小县城里到处寻找投宿的客栈。几次联系未果，于走投无路之际，幸亏偶然遇上了一批同样往昆明撤退，暂时在此地住宿的中国空军杭州笕桥航校的第七期学员。年轻的学员们腾出一个房间让发烧已40°的林徽因和孩子、老母躺下。旅途中的这次重病，使梁家与这批飞行员相识、相知，并结下了深厚的友谊。

这一批抗战前夕来自沿海大城市投笔从戎的爱国青年，后来大多数家乡沦陷。当他们在昆明集训时，每当休息日，总是三五成群结伴来到梁家，并把梁、林当作长兄长姐看待，对他们诉说自己的乡愁和种种苦闷。有些巧合的是，作为空军航校第十期学员的林恒，不久也奉命撤往昆明。又因为梁、林的关系，航校的学员们和西南联大的一些教授，如张奚若、钱端升、金岳霖等也有了交往，一身戎装的青年军人与长衫布褂的知识分子，在昆明共同度过了一段快乐时光。

一年之后，这批学员从航校毕业，并作为驱逐驾驶员编入对日作战部队。由于学员们没有任何一位有亲属在昆明，当这批学员毕业时，梁、林夫妇被邀请做他们全期（第七期）的"名誉家长"出席毕业典礼并致词。

当时的国民政府只用一些破破烂烂的老式飞机来装备自己的空军，结果是抗战没有结束，这批学员便全都在一次次与日寇力量悬殊的空战中牺牲了，无一人幸存。因为多数学员家在敌占区，他们阵亡后，部队便把一封公函和一个小小包裹——一般是一份阵亡通知书、几个日记本、一些信件和照片等私人遗物寄到梁家。每一次接到遗物，作为"名誉家长"的林徽因睹物思人，都要哭上一场。当时梁、林没有想到，此种做法后来竟成为这支部队的惯例。当梁家迁往四川李庄后，双方只靠通信联系，但部队仍按原有的惯例向梁家不断寄阵亡飞行员的遗物。此时林徽因已重病在身，难以承受一次次感情上的打击。梁思成为了保护妻子，每有阵亡飞行员的遗物寄来，便默默藏起来，不再声张。

1941年3月14日，林徽因的三弟，空军航校第十期毕业生林恒在成都空战中战死。梁思成得知噩耗，没敢立刻告诉爱妻，自己借到重庆出差的机会，匆匆赶往成都（林恒的训练基地此时已由昆明迁往成都）收殓了林恒的遗体，掩埋在一处无名墓地里。为了隐瞒这一不幸的消息，梁思成归来后，把林恒的遗物——一套军礼服和一把毕业时由部队配发的"中正剑"，小心翼翼地包在一个黑色包袱里，悄悄藏到衣箱最底层。梁思成还专门在林恒的遇难地找到了一块飞机残骸，带回了李庄。但此事还是没能隐瞒住，被林徽因知道。

梁思成在给好友费正清、费慰梅夫妇的信中写道："刚到李庄不久我就到重庆去为营造学社筹点款，而后徽因就病倒了，一病不起，到现在已有三个月。3月14日，她的小弟林恒，就是我们在北总布胡同时叫'三爷'的那个孩子，在成都上空的一次空战中牺牲成仁。我只好到成都去帮他料理后事，直到4月14日才返家，我发现徽因的病比她在信里告诉我的要严重得多。尽管是在病中，她勇敢地面对了这一悲惨的消息。"

后来林徽因给费慰梅的信中加补了一张字条："我的小弟，他是一个出色的飞行员，在一次空战中击落一架日寇飞机，可怜的孩子，他自己也被击中头部而坠机牺牲了。"

梁从诫在谈到林恒阵亡情形时说："那一次，由于后方防空警戒系统的无能，大批日机已经飞临成都上空，我方仅有的几架驱逐机才得到命令，仓促起飞迎战，却已经迟了。三舅（林恒）的座机刚刚离开跑道，没有拉起来就被敌人居高临下地击落在离跑道尽头只有几百米的地方。他甚至没有来得及参加一次像样的战斗，就献出了自己年轻的生命。"

尽管林徽因与梁从诫母子说法不同，但林恒在抗战中为国捐躯当是铁的事实。

1944年秋，衡阳大战爆发，梁家认识的老飞行员中，最后一位叫林耀的伤员强行驾机参战，不幸被敌击中后失踪。由于中国军队的溃败，林耀的战机残骸和本人一直未能找到。林耀的罹难，对梁家特别是林徽因在感情上再度造成了重大创伤。于深深的哀痛中，林徽因提笔在病床上写下了酝酿已久的《哭三弟恒》。

诗成时，离林恒殉难已三年。林徽因所悼念的，显然不只是自己弟弟一人，而是献给抗战前期她所认识的所有那些以身殉国的飞行员朋友们。

第七章

朋友贵在知心

朋友一生一起走

在林徽因的一生中，与金岳霖和费氏夫妇真挚的友谊可谓相伴一生。

1937年9月5日凌晨，梁思成夫妇携带两个孩子和孩子的外婆，与清华大学教授金岳霖及另外两位教授走出了自己的住所——北总布胡同三号院大门。

此时北京的情形是：东面有日本傀儡冀东防共自治政府伪军万余人驻守；北面的热河集结着大量日本关东军；西北面的察哈尔有伪蒙军约4万人驻防。三面受困的北京只剩下向南的一条通道——平汉铁路。而这条紧挨卢沟桥的交通大动脉，由于战争爆发被切断，流亡的路，只有从北京乘车到天津，转水路绕道南下。许多年后，梁、林夫妇的儿子、当时只有5岁的梁从诫道出了凄风苦雨中离别北京的情形：

> 临行的那天应是一个特别悲凉的场面，但我什么都不记得了，倒记住了在去天津的火车上，坐满了全副武装的日本兵，我们竟然和他们挤在一节车厢。爹爹闭着眼在那里假寐，我却极有兴趣地在那里观察日本兵手里的"真枪"，一个日本兵冲我笑笑，还招招手。我就挨了过去。他让我摸摸他的枪，正在我十分兴奋的当儿，只听见背后一声怒吼：

"小弟，回来！"一回头，爹爹正怒不可遏地瞪着我。我不知道自己做错了什么，吓得半死，不敢再看那个日本兵，赶紧挤回妈妈身边。就这样，我们告别了北总布胡同三号。

到达天津后，梁思成一家和清华的金岳霖教授等稍事休整，然后乘圣经号轮船到青岛，尔后转乘火车向济南驶去。经过近二十天的奔波，总算到达了长沙。按照老金致费慰梅信中的说法，"一路上没出什么大岔子，不过有些麻烦已经够难应付了。我们绕来转去到了汉口，最后总算到达长沙，这时已是10月1日了。联合大学11月1日开学。"

从1938年1月中旬到昆明，到1940年11月底前往四川，林徽因一家在昆明住了差不多三年的时间。老金则任教于西南联大哲学系，但多数时间仍与梁家住在一起。

1940年春天，他们在离麦地村大约1千米的地方，龙泉镇龙头村，建起了自己的住房，还有个不大的院子。同时建起的，还有钱端升教授家的房子，也是由梁思成和林徽因设计监造。砖瓦木料，这些建筑材料开始紧缺了。他们的热情特别高涨，有大工也有小工，他们还亲自帮着运料，做木工和泥瓦工的活儿。龙头村在昆明东北，相距约7.5千米，交通也还方便。

这个房子还在，主屋分主卧室、小卧室、饭厅，起居室。院子里另有用人房、厨房、柴房和厕所。卧室和起居室铺的木地板。起居室北墙有壁炉，外墙镶嵌着陶土圆管拼接的烟囱直通屋顶。

房子建成或正建之际，金岳霖见了很是喜欢，自己出钱，在正屋的西侧续接了一间耳房，比正房稍矮些也稍窄些。林徽因在给美国朋友费慰梅的信上说："这个春天，老金在我们房子的一边添盖了一间耳房。这样，整个北总布胡同集体就原封不动地搬到了这里，可天知道能维持多久。"

住在乡下是比城里安全些，但也不是绝对的安全。这一时期的日常生活，林徽因在给费慰梅的信里说："轰炸越来越厉害，但是不必担心，我们没有问题，我们逃脱的机会比真的被击中的机会要多。我们只是觉得麻木了，但对可能的情况也保持着警惕。日本鬼子的轰炸或歼击机的扫射都像是一阵暴雨，你只能咬紧牙关挺过去，在头顶还是在远处都一样，有一种让人呕吐的感觉。可怜的老金每天早晨在城里有课，常常要在早上五点半从这个村子出发，而还没有来得及上课空袭就开始了，然后就得跟着一群人奔向另一个方向的另一座城门，另一座小山，直到下午五点半，再绕许多路赶回这个村子，一整天没吃、没喝、没工作、没休息，什么都没有！这就是生活。"

梁家最后辗转到一个未曾听说过的地方——四川南溪李庄隐居下来。他们或许认为中国很快会打赢这场战争，自己也会很快随之返回留下了人生无数美好与温馨记忆的故园。梁从诫在许多年后说："我的父母也许没有料到，这一走就是9年。此时他们都年轻、健康、漂亮，回来时却都成了苍老、衰弱的病人。"

金岳霖借休假的机会渡过千山万水，由云南一路跋涉来到李庄看望梁、林夫妇。此时，无论是林徽因的病情还是梁家的生活环境，都比他想象的还要糟糕。林徽因旧病复发他早已从通信中得知，只是想不到病得如此厉害。林旧病复发的原因，老金来到之后，才真正体会到与当地气候、环境有极大关系。抗战时期曾在重庆工作、生活的德国人王安娜博士在她的回忆录《中国——我的第二故乡》中，曾描述过重庆一带的环境："从飞机上俯瞰重庆，但见迷茫一片。每年10月至第二年4月末，全市都覆盖着浓雾。风平浪静时，长江及其支流嘉陵江这两条大川的水蒸气，与含硫量很高的煤块烧出来的煤烟混在一起,便成了烟雾。无数的烟囱冒出滚滚浓烟,使得重庆到处都弥漫着硫黄的气味。因此,重庆自不待说,河岸的各个村庄的空气对健康都很有损害,肺结核病蔓延得很广。"

尽管李庄离重庆几百公里,但上游的泸州、宜宾等中等城市的情形与重庆极为相近,硫黄的气味并未消减,林徽因与后来梁思永,还有陶孟和的夫人——民国时期一代名媛沈性仁相继发病,且皆是肺病,与气候和环境污染有着极大的关联。

老金看到,梁家唯一能给林徽因养病用的"软床"是一张摇摇晃晃的帆布行军床。自晚清至抗战前的几十年,川南军阀混战不断,战祸连绵,李庄已衰落凋零,整个镇子没有一所医院,也没有一位正式医生,更没有任何药品。林徽因告诉老金,家中唯一的一支体温计已被儿子失手摔碎,搞得她大半年竟无法测量体温,只有靠自己的感觉来估计发烧的度数。在这种条件下,林的病情日渐加重,眼窝深陷,面色苍白,晶莹的双眸也失去了往日的神采,成了一个憔悴、苍老、不停咳喘的衰弱病人。此前林徽因在写给西南联大沈从文的一封信中,曾这样表露过自己痛苦、无奈的心情:"如果有天,天又有旨意,我真想他明白点告诉我一点事,好比说我这种人需不需要活着,不需要的话,这种悬着的日子也不都是奢侈?好比说一个非常有精神喜欢挣扎着生存的人,为什么需要肺病,如果是需要,许多希望着健康的想念在我也就很奢侈,是不是最好没有?"

面对梁家极度困苦的生活,老金从自己微薄的薪水中拿出一部分,买些小鸡饲养,盼望生下蛋来为林徽因补养身体。

处于战争岁月的知识分子,除了一连串的苦难,也有片刻的欢乐时光。每到下午4点钟,梁思成与助手们便放下手中的工作,弄一个大茶壶,与老金等人喝起下午茶来,以消解苦难与身心的疲倦。此时严酷的暑热已经退去,病中的林徽因也请人把行军床搬到院内,与大家一道喝茶聊天,寻回一点生活的温馨。

据梁思成后来对林洙说,有天下午,在惯例的"茶话会"上,梁、林等营造学社的同人和老金谈起了天府之国的文化。在昆明的时候,营造学社曾组织了一次川康调查,梁思成与学社同人在调查古建筑的旅途中,曾沿途收集四川的民间谚语,梁氏还专门记录了厚厚的一本。当林徽因旧事重提时,梁思成兴致大增,学着四川人摆龙门阵的架势,向老金讲起在旅途中听抬滑竿的轿夫们独特风趣的对话。梁思成发现,四川的轿夫们都是用诙谐、幽默的语言来讲面前的事物,而且极具演讲天赋,几乎都是出口成章。如两人抬滑竿时,因后面的人看不见前方的道路,前后两人就要很好地配合。如果路上有一堆牛粪或马粪,前面的人就会说"天上莺子飞",后面的那个就立即回答"地上牛屎堆",于是二人都小心地避开牛粪。西南山区的道路多用石板铺筑而成,时间久了,石板开始活动,一不小心就会踩滑摔跤,或被石缝中的泥浆溅个满身。每遇此种境况,前面的人就会高唱"活摇活甩",表示石板路不稳当,要多加小心。后面的人则应声答道"踩中莫踩角"。(据梁思成解释,"角",当地土语读"国",听起来别有一番韵味)倘要过一个很窄的小桥,前面的就喊"单桥一根线",后者脱口而出"好马射得箭"。讲到此处,梁思成快活地摇摇头道:"到现在我还弄不明白,这过桥和射箭有什么关系?"静心听讲的老金说道:"是不是好比一匹马在箭杆上跑啊?"身旁的林徽因略加思索,说:"有这么一点意思,但总觉得还不够准确,这句话的神妙之处还是没抓住。"梁思成说:"这话可能还得请史语所的李方桂才能搞得清楚,我们不是语言学家,只能靠瞎猜。不过你别看轿夫们生活贫苦,但的确是不乏幽默,他们绝不放过任何开心的机会。要是遇上一个姑娘,他们就会开各种玩笑。 有一次我们坐滑竿上山,中途遇到了一个姑娘,前面的那个就说'左边有枝花',后面的立刻接上'有点麻子还巴家'。 当时我不懂,就问轿夫刚才说的是啥意思。后面的那个就小声对我说:'没看见女人是个麻脸吗?'我回头一看,那个姑娘脸上的确有些麻子,心想这帮抬滑竿的也真会糟践人。"林徽因接着说:"要是碰上个厉害姑娘,前面的刚说'左边有枝花',姑娘马上就会回嘴说'就是你的妈'!"一句话惹得众人喷水大笑。

金岳霖在每次跑警报的时候,都要提一个很小的手提箱。 除视若生命的《知识论》之外,老金箱子里还装着视为自己灵魂的林徽因写给他的信函。

时在西南联大文学院就读的学生汪曾祺后来在《跑警报》一文中回忆说:联大师生跑警报时没有什么可带,因为身无长物,一般大都是带两本书或一册论文的草稿。 有一位研究印度哲学的金先生每次跑警报总要提了一只很小的手提箱。 箱子里不是什么别的东西,是一个女朋友写给他的信——情书。 他把这些情书视如性命,有时也会拿出一两封来给别人看。 没有什么不能看的,因为没有卿卿我我的肉麻的话,只是一个聪明女人对生活的感受,文字很俏皮,充满了英国式的机智,是一些很漂亮的 Essay,字也很秀气。 这些信实在是可以拿来出版的。 金先生辛辛苦苦地保存了多年,现在大概也不知去向了,可惜。 我看过这个女人的照片,人长得就像她写的那些信。

汪后来曾对人明确表示,文中所说的金先生即金岳霖,那位"女朋友"就是林徽因。

现在仅存的一封林徽因致金岳霖的信函是写于 1943 年 11 月下旬。 那时林徽因一家随中国营造学社因避战乱而蜗居于四川李庄,金岳霖则在西南联大任教，居于昆明，此信是由去往重庆办事的梁思成带给费正清，托费正清交给在昆明的金岳霖。

抗战期间，林徽因基本上一直在四川李庄养病，金岳霖在昆明的西南联大教学。尽管他们相隔千里，交通极为不便，物资也非常匮乏，但金岳霖还是一有机会就去四川李庄，1941年的年假也是在李庄休的。在李庄，金岳霖住在梁家的客房里，完成了哲学巨著《知识论》。在闲暇之余，金岳霖还养起鸡来，以给病中的林徽因增加营养。当然，金岳霖也会从昆明给林徽因寄一些进口奶粉和药品，但更重要的是，金岳霖是林徽因精神层面上的挚友。

费正清作为美国国务院的文化官员，是1942年8月被派往中国的。来到中国后，费正清在经济方面对梁思成一家进行尽可能的帮助，他不但给处于困境的梁家带来支票、手表、钢笔、克宁奶粉和一些药品，还为梁思成争取到哈佛燕京学社的补助金，这对梁思成一家不啻为雪中送炭。同样更为重要的是，费正清用他控制的缩微胶片为梁思成进行了中国古建筑图片的摄制，给予了梁思成的建筑研究事业相当大的帮助。

费正清在中国工作了一年之后，工作任务已经完成，将于1943年12月离开中国回国。当费正清把这个情况告诉梁思成、林徽因夫妇后，他们感到非常遗憾和沮丧。当时日本侵略中国已经进入到第六个年头，战况依然不容乐观，丝毫看不到战争结束的希望，中华民族正处于危难之际。

在这样的情况之下，林徽因给金岳霖写了这封信函。时间是1943年11月下旬。

老金：

多久多久了，没有用中文写信，有点不舒服。

John（费正清）到底回美国来了，我们愈觉到寂寞，远，闷。更盼战事早点结束。

一切都好。近来身体也无问题的复原，至少同在昆明时完全一样。本该到重庆去一次，一半可玩，一半可照 X 光线等，可惜天已过冷，船甚不便。

思成赶这一次大稿（指梁思成用英文撰写的《图像中国建筑史》原稿），弄得苦不可言。可是总算了一桩大事，虽然结果还不甚满意，它已经是我们好几年来想写的一种书的起头。我得到的教训是，我做这种事太不行，以后少做为妙，虽然我很爱做。自己过于不 efficient（有效率），还是不能帮思成多少忙！可是我学到许多东西，很有趣的材料，它们本身于我也还是有益。

已经是半夜，明早六时思成行。

我随便写几行，托 John（费正清）带来，权当晤面而已。

徽寄爱

在信函的最后，林徽因署名为"徽寄爱"。其实，这只是英文写信习惯的缩写，相当于"寄给我最亲爱的朋友"一样。这是林徽因和金岳霖所有通信中唯一现存的一封信，让我们了解到这份珍贵的情感。

友谊不分国界

费正清（原名 John King Fairbank）与费慰梅（原名 Wilma Denio Canon）是美国人。费正清来自南达科他州，费慰梅来自马萨诸塞州。两人都痴迷中国文化。

1932年2月，费正清由意大利的热亚那乘船到达上海。这次，他在中国住了四年。由蔡廷黻推荐，1933年—1934年在清华大学担任讲师，租住西总布胡同21号，6月与费慰梅在北京结婚。此间，费正清与林徽因两家，接触频繁。

1935年曾到日本、朝鲜以及香港、沈阳等地旅游考察。此间，北京的几所大学向南转移，1935年圣诞节费正清离开北京。

1942年8月费正清被美国情报协调局派往中国重庆任代表，公开的职务是美国使馆工作人员，一直持续到1944年初。此间，他多次由重庆到昆明与林徽因一家保持联系。

1944年费正清回到美国，由战略情报局调陆军情报局远东处。

1945年5月费慰梅启程赴重庆，8月费正清由美国来到昆明。后到重庆任美国新闻部主任，此职务持续到1946年7月，1946年6月23日他在中国给母亲写了一封信之后几周，再度离开中国。

费正清及其妻子三度在中国工作的时间表是：

第一次：1932年2月——1935年12月

第二次：1942年4月——1944年12月

第三次：1945 年 5 月——1946 年 7 月

费正清第二次来中国时，林徽因一家移居昆明郊区，他曾五次由重庆飞往昆明与他们相聚。日本投降当天，梁思成在重庆，为了与病中的林徽因共同庆祝胜利，费正清与梁思成由重庆乘飞机到昆明，之后又把林徽因接到重庆住了一些日子。他们两家在北京相处了四年，后来虽然一在昆明一在重庆，但书信往来不断。1944 年 11 月，梁思成由昆明到重庆，两人一同审阅《中国建筑史》图稿胶卷，而 1948 年费正清的《美国与中国》出版，立即寄给已经回到北京的林徽因夫妇。他们的交往，既有友情方面的交流，也有学术上的互相支持。

1. 志同道合为之友

1932 年 2 月，25 岁的牛津大学博士研究生 John Fairbank（费正清）来北京完成他的博士论文，研究新近对外公布的一批清朝海关档案。这位 25 岁的年轻学者，刚刚不确定地把他的学术关注点放到这个遥远的东方国度。

乘船抵达吴淞口一周后，日军在上海登陆，费正清赶往北京，他租住在西总布胡同 21 号。不久，他的未婚妻 Wilma（费慰梅）到来。

6 月，费正清在北京迎娶了新娘费慰梅。新娘毕业于美国哈佛大学的女校——拉德克利夫学院，学习美术。费慰梅喜爱水彩画，喜欢中国艺术。初到北京，各种学术研究活动、苦学中文，占据了费正清大部分的时间，费慰梅则和来拜访他们的妹妹玛利亚一道用她们的画笔，留下了她们记忆中的北京。

费慰梅回忆道："婚礼后大约两个月，我们遇见了梁思成和林徽因夫妇，谁都没料到这段友谊日后会持续如此长久……我们一见钟情。"

这对中国夫妇，既熟悉费慰梅生活的美国城市波士顿，也熟悉费正清正在求学的英国城市伦敦。眼下，他们刚刚开始对这个古老国家的建筑进行全面的调查研究。

梁思成也给他们新认识的美国夫妇 John Fairbank 和 Wilma 取了中国名字——费正清、费慰梅。两人的中文名即由梁思成根据他们英文名字的译音而起，费正清的英文全名是约翰·金·费尔班克。梁思成告诉他，"费正清"的意思是"费氏正直清白"，"使用这样一个中文名字，你可算是一个真正的中国人了。"

从那时起，他们维系了一生血浓于水的友情。晚年的费慰梅回忆他们相识时的感受说："当时他们和我们都不曾想到这个友谊今后会持续多年，但它的头一年就把我们都迷住了。他们很年轻，相互倾慕着，同时又很愿回报我们喜欢和他们做伴的感情。徽——她为外国的亲密朋友起的短名——是特别的美丽活泼。思成则比较沉稳些，他既有礼貌而又反应敏捷，偶尔还表现出一种古怪的才智，两人都会两国语言，通晓东西方文化。徽以她滔滔不绝的言语和笑声平衡着她丈夫的拘谨。通过交换美国大学生活的故事，她很快就知道我们夫妇俩都在哈佛念过书，而正清是在牛津大学当研究生时来到北京的。

"我们在中国（或者在别的地方）最亲密的朋友便是梁思成和他的妻子林徽因，他们是两个把中国的文化传统和盎格鲁撒克逊的文化传统结合起来的人。中国对我们产生巨大的影响，而梁氏夫妇在我们旅居中国的经历中起着重要的作用。"

与费正清夫妇的通信，从他们在北京相识就开始了。

在费正清的记忆中，梁思成喜欢吃辛辣的食物，而林徽因则喜欢偏酸甜口味。在梁家客厅，费正清与这个国家的杰出知识分子有了交集，他结识了哲学家金岳霖、政治学家钱端升，还有陶孟和、陈岱孙以及物理学家周培源等。

"我们彼此之间开诚布公,我们品尝他们日常烹调的中国菜,一边闲谈,分析北大、清华和燕京当地教职员中互相熟悉的人的许多癖性。由于如此集中地接触中国社会的各种信息,他们当然知道每一个人的底细。他们都能以背诵方式吟诵中国诗,抑扬顿挫,有板有眼,而且他们能把中国诗与英国诗人济慈、丁尼生,或美国诗人维切尔·林赛的诗篇进行比较。他们通晓宋朝的画家和书法家,当然也熟悉北京的一切大事。"

费慰梅回忆道:"对于我闯入梁家的生活,起初是徽因母亲和用人疑惑的眼光。尽管有种种不是,但不久我的来往得到了认可。我常在傍晚时分骑自行车或坐人力车到梁家,穿过内院去找徽因。我们在客厅一个舒适的角落坐下,泡上两杯热茶后,就迫不及待地把那些为对方保留的故事一股脑倒出来……

我们有时分析和比较中国和美国的不同价值观和生活方式,但接着我们就转向我们在文学、艺术和冒险方面的许多共同兴趣,把关于对方不认识的朋友的追忆告诉对方。"

费正清在《费正清对华回忆录》中提到这两个老朋友的性格:形成他们性格的最大影响也许是他们的出身。梁思成是维新主义者、学术研究与政治领袖梁启超的儿子。做他的儿子就像做一个罗斯福或肯尼迪,有一点例外,在中国特别讲究履行孝道。林徽因的父亲林长民来自福建,一直跟梁启超在北京政府中共事,他也是1919年巴黎和会的观察员。这两位受人尊敬的社会名流的子女之所以结成良缘,在某种程度上是为了讨他们的喜欢,梁思成和林徽因两人身材瘦小,像南方人,从小就彼此相识。他们一起在宾夕法尼亚大学攻读建筑学,并且担负起用科学的实地考察来重新发现中国建筑的民族伟绩这一项艰巨的爱国任务。林徽因作为受到中英两种文化培育的一部分，取了个教名菲莉斯，虽然她发现基督教具有可怕的十字架和非中国式的正义，这对她来说是毫无意义的。她是有创造才华的作家、诗人，是一个具有丰富的审美能力和广博的智力活动兴趣的妇女，而且她交际起来又洋溢着迷人的魅力。在这个家，或者她所在的任何场合，所有在场的人全部围绕着她转。同这样的朋友交往本身就是乐趣。

梁氏夫妇临摹和测绘之后，常寻找载有建造年代的石刻题记。在石碑上可能引证官方文件。捐资重葺者可能在他们名字的后面加上重葺的年代。思成和菲莉斯最后发现在太原东北五台山有一座真正的唐代建筑，据当时考证，那是最古老的，这时他们从斗拱的大小来识别它大体上的年代，而斗拱正是把屋顶的重量转移到圆柱上的手段。（这些斗拱随着时间的推移渐渐变小，越来越多了。日本奈良的斗拱正好和唐代的规格一样。）但是他们没有发现建造的年代。菲莉斯瞥见在一根梁上很高的地方有一个捐资重葺者留下来的题记。令人啼笑皆非的是，这次发现恰好在1937年7月7日，正是那一天，历时8年的中日战争从此开始，使他们的华北实地考察旅行之事到此结束。

2. 同甘共苦，升华友谊

费氏与梁氏的友谊是在艰难时刻同甘共苦所结成的。1934年，林徽因最重要的考察旅行则是与梁思成在他们的美国朋友费正清、费慰梅夫妇的陪同下共同完成的晋汾之旅。而这场旅行，亦成为两对夫妇之间珍贵友谊之最佳的回忆印证。

1934年8月，梁思成和林徽因准备邀请费氏夫妇去北戴河避暑之时，费氏夫妇也发出邀请，希望二人能够相伴一起去往山西汾阳城外的峪道河边消夏。因梁、林夫妇计划不久之后去山西赵城考察，赵城距离汾阳不远，一番思虑之后，梁、林夫妇便决定放弃自己的北戴河避暑计划，转而与费氏夫妇一起去往山西汾阳的峪道河。

山西之行的朝夕相处，让这四位年轻人更近地走到一起……

在北京，费氏夫妇和梁思成见面的时间非常有限，但在山西，四人每日三顿饭都一块吃。"头一天我们就发现，原来他爱吃辣！平素沉静镇定的思成，在饭桌上却是妙语连珠……村民一如往常地沿路围观他们，不停骚扰梁思成和林徽因，问他们从哪国来，他们无法理解中国人怎么和外国人同行。在贪婪地看着古代中国杰作的同时，村民围观着我们的福特汽车。"

他们恬静地住在正好位于溪流上游的宽敞的房间里，而分散住在谷地上下游的其他磨坊里的还有十来个传教士家庭，形成一个村。早在8月上旬，梁氏夫妇在作实地考察旅行之前来此度假，林徽因身穿白裤子、蓝衬衫，仪容整洁潇洒，与梁思成的卡其布服装形成对照。

梁氏夫妇这次沿汾河谷地向南的实地考察旅行，就像他们以往旅行一样，是以先在图书馆查阅该地区各县城的县志而做好准备的。如果一所寺院是在唐宋时期建立但并未在元明清时期遭受破坏或被修复的话，也许它依然像原来的建筑那样屹立着。一经抵达一所寺院，思成用他的莱卡照相机把每一方面都拍摄下来，而菲莉斯靠我们的帮助进行测量，以便按比例绘制。所有这一切需要一天时间，中午暂停操作，吃点野餐。

峪道河旁，有一个由小磨坊组成的村落，是个清净美妙之地。每年夏日，此处都是绿杨蓊郁，又有溪水流经，风景佳美，实在是个避暑的好地方。费氏夫妇便住在当中一间已被他们的传教士友人购置的磨坊里等候梁、林夫妇的到来。那处，正如费慰梅自己在

《梁思成与林徽因》一书中写的一般:一道从附近山上奔泻而下的溪流,穿过长满了白杨的山谷、斑驳的树荫,汩汩流过磨坊的厚石墙,在华北炎热的夏季,磨坊内自有一股清凉。

不日,梁、林夫妇便抵达了这一处幽静之地。四周美景令林徽因甚觉欢喜,后来她在此期间创作的散文《山西通信》里写道:

> 居然到了山西,天是透明的蓝,白云更流动得使人可以忘记很多的事,单单在一点什么感情底下,打滴溜转;更不用说到那山山水水,小堡垒,村落,反映着夕阳的一角庙,一座塔!景物是美得到处使人心慌心痛……

当时,费氏夫妇还特别将费正清的一名助手请来当向导。但此人狭隘,对村野之妙并无兴趣,甚至将当地村民低看一等,虽也会说一些费氏夫妇不知晓的典故来佯装欢喜,但到底气场是不对的。所以,梁、林夫妇一到,他便顺势离开汾阳,回了北京。

梁思成心思缜密,亦时时不忘建筑考察一事。入定不久,便四处走访,对附近寺庙做了一轮简单考察。尔后,又拟订了一个考察计划,准备从省城太原出发,一路南下,至赵城去考察。途经八个县城,因此,行旅并不轻松。

虽有费氏夫妇伴行,但计划不如变化,前途困阻不断。

林徽因一行人少将心思集中于政治,因此对当时政局之细微变化并没有及时掌握清楚。当时,山西军阀阎锡山为抵制南京政府军北上,在军队北上的必经之路上铺设了窄轨铁路阻断标准轨距的火车进入。而林徽因等人对此毫不知情。得到消息时,一行人已准备就绪,将要出发。因此,一时间来不及也不打算再更改计划。

他们从传教士手中租来一辆汽车,却不想天公亦不作美,瓢泼大雨将黄土马路淋至泥泞,烂不堪行。 汽车已然无法行进,四人便只能将行李搬入临近的一座庙。 次日,租了两辆驴车,又雇了船再走水路过河,终向介休行进了约25千米。

当日黄昏时分,终于见着之前听闻的阎锡山铺设的窄轨铁路。场面极恶劣,路轨旧损歪扭,高低不平,不成样子。 大路完全无法通行,只能从轨道旁的一条逼仄小路狭行通过。 如是颠簸再三,几人都一一开始疲乏。 最终,只能再次止步,寻找旅店投宿。

第二天,他们发现能助他们穿过那些窄仄小路南下的交通工具只有车身同样窄小的人力车。 但此时,多数车夫都因战争需要被征调他方,所剩无几。 庆幸的是,在旅店老板的协助下,一行人最终找到了三位车夫,得到三辆人力车。

如此,走了大约7000米。 日暮时分,四人注意到了附近的一座门楼。 起初便想夜里住宿的地方可算勉强解决。 不料,待一行人将行李搬入楼门之时,发现已有一群士兵睡在当中,且兵士们对四位不速之客十分恼火,吵嚷不停。 直至领军的一名少校前来制止。

少校见眼下四人皆看上去极斯文,又听了梁思成的解释,一时间竟对四人钦佩起来,之后更是热心地在一家私人住宅里弄到一间颇精致的房间给四人住宿。 这桩事,算是这一艰难路途之上,因祸得福,意外拾得的一个好处,令四人难忘。

第二天,继续南行。

只是,当时的路面情况可谓"惨烈"。 坑洼不平,泥泞难行,碎石垃圾几乎铺满南行的路面。 而四人所雇用之人力车到底耗费的是人力,车夫精力有限,因此,进程十分缓慢。 夜幕降临时,距离下一站霍州依旧遥遥相距12千米。

此时,他们可以做的事情只有一件,充满绝望地逼迫自己前行。 到底是天无绝人之路,深夜抵达霍州时,城门竟尚开着,似是一早便迎在这里，专候着四人的抵达。入城之后，四人已疲惫至极，林徽因身体不好，更是寸步难行。

一路上的费用已远超计划之外，但当时，几人急需休息并补充能量，庆幸费氏夫妇找人问到了传教站的地址，登门借助。抵达霍州传教站后，接待四人的是一对夫妇，带着六个孩子一起生活。传教站环境极整洁，又有热心夫妇做伴，令四人深觉温暖。这感觉，实在久违。

至此，四人终于可以安稳休息两日。在霍州市两日里，他们休息之余，仍旧考察了不少地方。譬如，太清观、文庙、东西福昌寺、火星圣母庙、县政府大堂、北门外桥及铁牛等处。两日之后，四人重新起程，去往此行的最后一站——赵城。

抵达赵城之后，四人依旧是住在费氏夫妇求助的当地传教士所安排的住处。一路上，始终不得不依靠这对美国友人寻找传教士的帮助，令梁思成和林徽因心中甚为不安。因这行旅所经之地，到底是在中国。

在此行终点赵城一带，梁思成和林徽因主要考察的目的地是霍山山脉南麓的广胜寺。广胜寺分上下两寺，于东汉建和元年（147年）创建，初名俱卢舍寺，唐代改称今名。大历四年（769年）重修。元大德七年（1303年）地震毁坏后重建。明清两代又予以补葺，始成现状。

起初，吸引梁林夫妇来此处考察的主要原因，是1933年此寺宋版藏经的发现。得此消息之后，梁思成认为藏经之地广胜寺建筑很可能也是建于宋代。但经二人考察，并非如此。虽然寺庙的始建年代较早，但中间曾遭地震破坏殆尽，二人此时见到的广胜寺建筑则是元末明初时期重建而成。这令梁思成颇以为憾。

但寺中的琉璃宝塔依旧让二人深觉惊艳。

数日考察完毕之后，四人起程返回峪道河。继而，回京休养。此行考察之困难百出，令身有病患的林徽因与跛足的梁思成元气大伤。但当中依然是意趣甚多，收获亦不小。日后的回忆，仍旧总是佳美的。两对友人的情意更是在这一路辛苦之后，愈加深刻。

费正清后来说："我们的友谊是在艰难时刻同甘共苦所结成的，在空旷道路上的历险使我们四个人在难以忍受的环境中相依为命，不分主客。"

在山西考察的过程当中，林徽因创作的散文名篇《山西通信》，刊登在两年后即1936年8月25日的《大公报·文艺副刊》上。文章融汇了林徽因自己对这一趟晋汾建筑考察之行旅的各种细微感受。

3. 一别是永远

1947年，梁思成给费慰梅的信中写道："亲爱的慰梅，数次在富兰克林拜访的经历如此美好，真希望徽因也在这里。我害怕说再见，未来难再团聚的感觉总是隐隐袭上心头，如果还有机会来美国，我一定要带徽因同行，但我怀疑她今生是否还有体力远行。所以我们只能期待你们来看我们，可这和我们团聚美国太不一样了，这是徽因数年的一个梦想。每当想到这里我就非常难过，我觉得是我……是我的忽视，我的不够尽心尽力造成了徽因现在的状况，我永远也无法原谅我自己……"

至此一别，四位亲密的朋友再也无缘相见。

1948年，林徽因致费正清夫妇的信中写道："我冥冥中感觉，或许和美国间只有一到两个月的自由通信时间了。我觉得空气令人窒息，眼下只是希望这封信能在圣诞之前抵达。"

林徽因的这封信写于1948年11月到12月间，这是两家持续13

年通信以来，费正清夫妇收到的来自梁、林的最后一封信。

1945年到1949年的中美关系微妙错综，一场历史的选择开始了。梁思成和林徽因，费正清和费慰梅，两对生命中的挚友，从此，天各一方。这不仅仅是地理上的隔绝，他们将再也听不见彼此的音信，直到生命终结。

此后，中美两国间二十多年的封冻，让这两对曾经亲密交往的朋友音信隔绝。

梁思成的儿子梁从诫在日后的回忆中称："他们俩都不能再与他们通信，我相信我的父母亲都非常地珍惜与约翰、威尔玛过去的深深友情，虽然他们不能公开地表示出来。无疑，对他们来说，这是非常痛苦的。"

亲爱的徽：

这不是那封去年开始我就承诺要给你写的信。它早已不断长长，从76页到后来可能长到176页，邮局的人听说后警告我：他们不会邮递如此复杂冗长的信件。邮递员说，你以为你的信要寄到中国，信就要有到中国的邮路那么长啊？

结果我只能晓之以理了，我说先生，北京到这儿有10,000英里，我这封信要写的内容跨越15个年头，这期间地球每日自转的距离有24,000英里，还不要说它绕太阳的公转距离。要涵盖如此巨大之时空，这封信得有些与众不同吧。据哈佛大学最新发明的电子计算机系统计算结果，这封信的内容需要承载473万亿光年的信息，如果还要包括梁思成先生，费慰梅女士，金岳霖教授，还有老费我，我们每个人各自的运行轴线，还有他们各自相互之间的轮转……如此说来，我对邮递员说，这点长度算不了什么。

就在梁思成去世四个月后，中美重启关闭多年的大门，费正清和夫人费慰梅在离开中国 26 年后回到北京，开始他们在中国为期六周的访问。

费氏夫妇见到了许多故人：金岳霖、钱端升、张奚若、费孝通等，他们都是当年"太太的客厅"中的老面孔，只是，他们最亲密的朋友——梁思成、林徽因已经离开人世，曾经熟悉的北京城变得陌生。费正清的妻子费慰梅在 70 岁时，开始遍访故地旧友，撰写梁林夫妇的传记《梁思成与林徽因》一书，历时十年，并在美国出版。

费正清对华回忆录："我们在中国（或者在世界上任何地方），最亲密的朋友是梁思成和他的妻子林徽因，两位把东西方文化相结合的人。"

当 1979 年费正清夫妇再次访问北京，梁从诫有机会去探望他们时，冲进了他们住的宾馆，并且紧紧地拥抱他们。"实际上，这为我父母的缘故要比为我自己的多。我知道他们多年来渴望有这一天。这时我已经差不多 50 岁了，比我父母最后一次见到约翰和威尔玛的年龄还要大一点。1972 年，他们自 1949 年以后第一次重访中国，那时我正在乡下劳动，没有机会见到他们。约翰讲过，对威尔玛和他来说，我父母梁思成和林徽因代表中国，这次回来不能见到这些亲爱的老朋友，好像丢失了半个中国。"

费正清携妻返国后，长期在哈佛大学任教，毕生研究中国及中国文化圈（包括日本、朝鲜、越南等国家）以及中国与西方关系等问题。历任美国的远东协会副主席、亚洲协会主席、历史协会主席、东亚研究理事会主席等重要职务，对美国乃至整个西方的中国学界产生了重大影响，并在一定程度上影响着美国的对华政策。

八宝箱事件

梁从诫说："1931年11月，徐志摩突遇空难。生前，他曾将一箱日记及书信存放在朋友（一位女士）处，其中包括他初识林徽因时的康桥日记。徐遇难后不几天，清华外文系教授叶公超告诉林徽因，他在这位女士处看过这份日记。于是林徽因去向保存者要求借来一看，这位女士先是几次声称'遍找不得'，后来，在她手里保存的这份日记中，与林徽因有关的一部分又神秘地被裁去，以致林徽因本人始终未能看到这件与她的生活有过密切关系的材料。"

这位收藏"八宝箱"的"女士"，就是北大外文系教授、文学理论家陈西滢的夫人、时与林徽因处于同一个层面上的小说家凌叔华。

徐志摩一生中有四位重要女性：张幼仪、林徽因、凌叔华和陆小曼。

1924年泰戈尔访华，徐志摩侍奉大诗人左右。凌叔华是作为燕京大学学生代表去欢迎泰戈尔的，由此同时认识了徐志摩和后来成为其丈夫的陈西滢。

那时，北京欧美留学生及部分文教人士每月有一次聚餐会。后将聚餐会扩大为固定的新月社，由徐志摩主持。上世纪20年代社交公开已蔚然成风，林徽因、凌叔华和陆小曼夫妇都入盟成为新月社的常客。

徐志摩对凌叔华的才貌很欣赏，他为凌叔华的第一部小说《花之寺》作序，是一生中唯一一次为人作序。他的处女诗集《徐志摩的诗》出版扉页上的题词"献给爸爸"，就是出自凌叔华的手笔。于是二人的交往便越来越密切了，相识半年光通信就有七八十封，差不多两天一封，再加上聚会，可以说这显然超出了一般的友谊。这恰恰表明凌徐二人相知极深。

徐志摩称凌叔华为"中国的曼殊菲尔"。曼殊菲尔作为一个外国女作家，徐志摩对她一直怀着一份特殊的情感，称赞她"像夏夜榆林中的鹃鸟，呕出缕缕的心血制成无双的情曲，即便唱到血枯音嘶，也不忘她的责任是牺牲自己有限的精力，替自然界多增几分的美，给苦闷的人间几分艺术化精神的安慰"，而对于曼殊菲尔的外貌，徐志摩更是惊为天人，说她"眉目口鼻子之清之秀之明净，我其实不能传神于万一；仿佛你对着自然界的杰作，不论是秋水洗净的湖山，霞彩纷披的夕照，或是南洋莹彻的星空，你只觉得它们整体的美，纯粹的美，完全的美，不能分析的美，可感不可说的美……"

这样的一种才貌双全的也许只有林徽因可以比之，可是"中国的曼殊菲尔"这项桂冠，他却颁给了凌叔华。

然而徐志摩对凌叔华的感情，却又是那么的雾里看花，一种比朋友更亲，比恋人略淡的说不清道不明的关系，看他们含含糊糊地交往，仿佛感觉原来其实是"粉蝶无踪，疑在落花深处"的知己。

1924年8月，徐志摩由印度回国，住在上海新新旅馆，同时迭接凌叔华、陆小曼两封信。第二日早晨，徐志摩的父亲徐申如前往看望徐志摩，陆小曼的丈夫王赓亦同时往候。徐志摩深知其父喜欢凌叔华，因此当徐申如到来的时候，即说："叔华有信。"然后就把放在枕边的一封信拿给父亲看。徐申如打开信来阅读，站在徐申如身边的王赓也跟着看，这时，徐志摩发现王赓的脸色大变，于是忙看了看自己的枕边。这才发现，凌叔华的信仍在，拿给父亲看的是陆小曼的信，徐志摩当下便失了声色，他知道自己闯祸了。

不久后，陆小曼与王赓离婚并回到北京。自此，徐、陆的关系急转直上，不久就结婚了。谁也难否认，这封"阴错阳差"的信把徐、陆逼到墙角，他们不得不快刀斩乱麻，做出唯一的抉择。

后来，徐志摩亲口对好友蒋复璁说："看信这一件事是'阴错阳差'，他总认为王赓与陆小曼离婚是因他而起，自有责任。"徐志摩也无愧男子汉，敢作敢当，娶了陆小曼。更有趣的是，1926年10月，徐、陆结婚，给王赓发一喜帖，王赓竟还送一份礼品，不失君子之风。

凌叔华后来也曾公开澄清"拿错信"事件，她说："说真话，我对徐志摩向来没有动过感情，我的原因很简单，我已计划同陈西滢结婚，陆小曼又是我的知己朋友。"

回归正题"八宝箱"。

陆小曼想争取到编辑出版徐志摩日记和书记的专利，为此特于1931年12月26日致信胡适，信中写道：

"……他的全部著作当然不能由我一人编，一个没有经验的我，也不敢负此重责，不过他的信同日记我想由我编（他的一切信件同我给他的日记都在北京，盼带来）……还有他别的遗文等也盼你先给我看过再付印。我们的日记更盼不要随便给人家看。千万别忘。"在另一封信中她又写道："林先生前天去北京，我托了他许多事情，件件要你帮帮忙。日记千万叫他带回来，那是我现在最可爱的一件东西，离开了已有半年多，实在是天天想它了，请无论抄了没有先带了来再说。文伯说叔华等因徐志摩的日记闹得大家无趣，我因此很不放心我那一本。你为何老不带回我，岂也有别种原因么？这一次求你一定赏还了我吧，让我夜静时也好看看，见字如见人。也好自己骗骗自己。你不要再使我失望了。"

林徽因亲自登门到史家胡同凌叔华的寓所向凌叔华索取，不料遭凌叔华婉拒。只好转而求胡适帮忙。

胡适果然按林徽因的旨意办了，开始召集学术界的名将大腕一齐向凌叔华夹击。凌叔华无条件地把神秘的"八宝箱"拱手让给了胡适。但据胡适与林徽因对外声称，"八宝箱"中最为重要的《康桥日记》中最重要的一部分，却不翼而飞，因而外界有了被凌叔华裁掉或中途截留的说法。

林徽因曾在1932年1月1日下午与晚上，于匆忙中连致胡适两封信，报告《康桥日记》最重要的一部分，也就是徐志摩与林徽因从相识到离开那一时期的记载，神秘失踪，去向不明。

此信发出后，林徽因于当天晚上再次写信给胡适倾诉，特别强调性地表白"我也不会以诗人的美谀为荣，也不会以被人恋爱为辱。有过一段不幸的曲折的旧历史也没有什么可羞惭"。

本来还算得上是朋友的凌叔华与林徽因却因为"八宝箱"事件交恶，两人从此再不往来。

1982年与1983年，在海外的凌叔华分别由伦敦寄给陈从周两封信，就当年纷纷扬扬的"八宝箱之谜"作过解释：

> 在徐志摩遇难的前两年，也就是"他去欧找泰戈尔那年，他诚恳地把一支（只）小提箱提来交我保管，他半开玩笑地说：你得给我写一传，若是不能回来的话（他说是意外），这箱里到有你所需的证件（日记文稿等）。他的生活与恋史一切早已不厌其烦地讲与不少朋友知道了，他和林徽因、陆小曼等恋爱也一点不隐藏地坦白地告诉我多次了，本

来在他的噩信传来，我还想到如何找一两个值得为他写传的朋友，把这个担子托付了，也算掉了我对志摩的心思。（那时他虽与小曼结婚，住到上海去，但他从不来取箱子！）不意在他飞行丧生的后几日，在胡适家有一些他的朋友，闹着要求把他的箱子取出来公开，我说可以交给小曼保管，但胡帮着林徽因一群人要求我交出来（大约是林和他的友人怕志摩恋爱日记公开了，对他不便，故格外逼胡适向我要求交出来），我说我应交小曼，但胡适说不必。他们人多势众，我没法拒绝，只好原封交与胡适。可惜里面不少稿子及日记，世人没见过面的，都埋没或遗失了。"（《新文学史料》1983年1期）

又说：

"我想到箱内有小曼私人日记两本，也有志摩英文日记二三本，他既然说过不要随便给人看，他信托我，所以交我代存，并且重托我为他写'传记'，为了这些原因，同时我知道如我交胡适，他那边天天有朋友去谈志摩的事，这些日记恐将滋事生非了。因为小曼日记内（两本）也常记一些是是非非，且对人名一点不包含，想到这一点（彼时小曼对我十分亲热，她常说人家叔华就不那样想，里面当然也褒贬徽因的日记）我回信给胡适，说我只能把八宝箱交给他，要求他送给陆小曼。以后他真的拿走了，但在适之日记上，仍写志摩日记有两本存凌叔华处。他的（胡的）日记在梁实秋编的徐志摩传上也提到。赵家璧也看到胡的日记上如此写。这

冤枉足足放在我身上，四五十年，至今方发现。"（《新文学史料》1985 年 3 期）

据凌叔华推断，胡适派人取走八宝箱后，没有把全部日记交出，"小曼只收回她的两部日记（她未同志摩结婚前的日记，已印出来了！但许多人还以为另有日记）。那时林徽因大约是最着急的一个，她也来同我谈过，我说已交胡适了"。

1947 年 2 月，为纪念徐志摩五十周岁生日，陆小曼搜罗家中的旧日记，勉强编起了一本薄薄的《志摩日记》，显得很是孤单凋零。对此，陆小曼在序中无奈地说："其他日记倒还有几本，可惜不在我处，别人不肯拿出来，我也没有办法。"

梁从诫否认他母亲存有这些日记。梁思成的第二任妻子林洙也表示从未见过这方面的东西。凌叔华也否认自己私藏了"八宝箱"内的任何东西，晚年时几度致信陈从周为自己洗冤辩白。凌叔华声称，她当年就交出了全部东西，包括陆小曼的两本日记和徐志摩的两本英文日记在内。

林徽因写给胡适的信，现存有八封，主要写于两个时段，一个是 1926 年初在美国，一个是 1931 冬到 1932 年春，徐志摩去世以后。在美国时，完全是个受教学生的态度，在北京就是朋友了，语气是不一样的。

一九三二年一月一日下午致胡适

适之先生：

志摩刚刚离开我们，遗集事尚觉毫无头绪，为他的文件就有了些纠纷，真是不幸到万分，令人想着难过之极。

我觉得甚对不起您为我受了许多麻烦，又累了许多朋友也受了些许牵扯,更是不应该。

事情已经如此,现在只得听之,不过我求您相信我不是个多疑的人,这一桩事的蹊跷曲折,全在叔华一开头便不痛快——便说瞎话——所致。

我这方面的事情很简单:

(一)大半年前志摩和我谈到我们英国一段事,说到他的《康桥日记》仍存在,回硖石时可找出给我看。如果我肯要,他要给我,因为他知道我留有他当时的旧信,他觉得可收藏在一起。

注:整三年前,他北来时,他向我诉说他订婚结婚经过,讲到小曼看到他的"雪池时代日记"不高兴极了,把它烧了的话,当时也说过:不过我尚存下我的《康桥日记》。

(二)志摩死后,我对您说了这段话——还当着好几个人说的——在欧美同学会,奚若、思成从渭南回来那天。

(三)十一月廿八日星期六晨,由您处拿到一堆日记簿(有满的一本,有几行的数本,皆中文,有小曼的两本,一大一小,后交叔华由您负责取回的),有两本英文日记,即所谓 Cambridge 日记者一本,乃从 July 31, 1921 起。次本从 Dec. 2nd(同年)起始,至回国止者,又有一小本英文为志摩一九二五在意大利写的。此外几包晨副原稿,两包晨副零张杂纸,空本子小相片,两把扇面,零零星星纸片,住址本。

注:那天在您处仅留一小时,理诗刊稿子,无暇细看箱内零本,所以一起将箱带回细看,此箱内物是您放入的,我丝毫未动,我更知道此箱装的不是志摩平日原来的那些东西,而是在您将所有信件分人分类捡出后,单单将以上那些本子纸包聚成这一

箱的。

（四）由您处取出日记箱后约三四日或四五日听到奚若说：公超在叔华处看到志摩的《康桥日记》，叔华预备约公超共同为志摩作传的。

（五）追悼志摩的第二天（十二月七号）叔华来到我家向我要点志摩给我的信，由她编辑，成一种《志摩信札》之类的东西，我告诉她旧信全在天津，百分之九十为英文，怕一时拿不出来，拿出来也不能印，我告诉她我拿到有好几本日记，并请她看一遍大概是些什么，并告诉她，当时您有要交给大雨的意思，我有点儿不赞成。您竟然将全堆"日记类的东西"都交我，我又embarrassed 却又不敢负您的那种 trust ——您要我看一遍编个目录——所以我看东西绝对的 impersonal 带上历史考据眼光。Interesting only in 事实的辗进变化，忘却谁是谁。

最后我向她要公超所看到的志摩日记——我自然作为她不会说"没有"的可能说法，公超既已看到。我说：听说你有志摩的《康桥日记》在你处，可否让我看看等等。她停了一停说可以。

我问她："你处有几本？两本么？"

她说"两——本"，声音拖慢，说后极不高兴。

我问："两本是一对么？未待答，是否与这两本（指我处《康桥日记》两本）相同的封皮？"

她含糊应了些话，似乎说"是！不是，说不清"等，"似乎一本是——"，现在我是绝对记不清这个答案（这句话待考）。因为当时问此话时，她的神色极不高兴，我大窘。

（六）我说要去她家取，她说她下午不在，我想同她回去，却未敢开口。

后约定星期三（十二月九号）遣人到她处去取。

（七）星期三九号晨十一时半，我自己去取，叔华不在家，留一信备给我的，信差带复我的。

此函您已看过，她说（原文）："昨归遍找志摩日记不得，后捡自己当年日记，乃知志摩交我乃三本：两小，一大，小者即在君处箱内，阅完放入的。大的一本（满写的）未阅完，想来在字画箱内（因友人物多，加意保全），因三四年中四方奔走，家中书物皆堆叠成山，甚少机缘重为整理，日间得闲当细检一下，必可找出来阅。此两日内，人事烦扰，大约须此星期底才有空翻寻也。"

注：这一篇信内有几处瞎说不必再论，即是"阅完放入""未阅完全"两句亦有语病，既说志摩交她三本日记，何来"阅完放入"君处箱内。可见非志摩交出，乃从箱内取出阅，而"阅完放入"，而有一本未阅完而未放入。

此箱偏偏又是当日志摩曾寄存她处的一个箱子，曾被她私开过的。（此句话志摩曾亲语我。他自叔华老太太处取回箱时，亦大喊"我锁的，如何开了，这是我最要紧的文件箱，如何开锁，怪事——"又"太奇怪，许多东西不见了，missing"旁有思成，Lilian Tailor 及我三人。）

（八）我留字，请她务必找出借我一读。说那是个不幸事的留痕，我欲一读，想她可以原谅我。

（九）我觉得事情有些周折，气得通宵没有睡着，可是，我猜她推到"星期底"，必是要抄留一份底子，故或需要时间（她许怕我以后不还她那日记）。我未想到她不给我。更想不到以后收到半册，而这半册日记正巧断在刚要遇到我的前一两日。

（十）十二月十四日（星期一）

half a book with 128 pages received (dated from Nov. 17, 1920 ended with sentence "it was badly planned".) 叔华送到我家来，我不在家，她留了个 note 说"怕我急，赶早送来"的话。

（十一）事后知道里边有古（故）事，却也未胡猜，后奚若来说叔华跑到性仁家说她处有志摩日记（未说清几本）徽因要，她不想给（不愿意给）的话，又说小曼日记两本她拿去也不想还等等，大家都替我生气，觉得叔华这样，实在有些古怪。

（十二）我到底全盘说给公超听了（也说给您听了）。公超看了日记说，这本正是他那天（离十一月廿八日最近的那星期）看到了的，不过当时未注意底下是如何，是否只是半册未注意到，她告诉他是两本，而他看到的只是一本，但他告诉您（适之）"refuse to be quoted"，底下事不必再讲了。

二十一年元旦

一九三二年一月一日晚上致胡适

适之先生：

下午写了一信，今附上寄呈，想历史家必不以我这种信为怪，我为人直爽性急，最恨人家小气曲折说瞎话。此次因为叔华瞎说，简直气糊涂了。

我要不是因为知道公超看到志摩日记，就不知道叔华处会有的。谁料过了多日，向她要借看时，她倒说"遍找不得""在书画箱内多年未检"的话。真叫人不寒而栗！我从前不认得她，对她无感情，无理由的，没有看得起她过。后来因她嫁通伯，又有《送车》等作品，觉得也许我狗眼看低了人，始大大谦让真诚的招呼她，万料不到她是这样一个人！真令人寒心。

志摩常说:"叔华这人小气极了。"我总说:"是么?小心点吧,别得罪了她。"

女人小气虽常有事,像她这种有相当学问知名的人也该学点大方才好。

现在无论日记是谁裁去的,当中一段缺了是事实,她没有坦白地说明以前,对那几句瞎话没有相当解释以前,她永有嫌疑的。(志摩自己不会撕的,小曼尚在可问。)

关于我想着那段日记,想也是女人小气处或好奇处多事处,不过这心理太 human 了,我也不觉得惭愧。

实说,我也不会以诗人的美谀为荣,也不会以被人恋爱为辱。我永是"我",被诗人恭维了也不会增美增能,有过一段不幸的曲折的旧历史也没有什么可羞惭(我只是要读读那日记,给我是种满足,好奇心满足,回味这古怪的世事,纪念老朋友而已)。

我觉得这桩事人事方面看来真不幸,精神方面看来这桩事或为造成志摩为诗人的原因,而也给我不少人格上知识上磨炼修养的帮助,志摩 in a way 不悔他有这一段苦痛历史,我觉得我的一生至少没有太堕入凡俗的满足,也不算一桩坏事。志摩警醒了我,他变成一种 Stimulant 在我生命中,或恨,或怒,或 happy 或 sorry 或难过,或苦痛,我也不悔的,我也不 proud 我自己的倔强,我也不惭愧。

我的教育是旧的,我变不出什么新的人来,我只要"对得起"人——爹娘、丈夫(一个爱我的人,待我极好的人)、儿子、家族等等,后来更要对得起另一个爱我的人,我自己有时的心,我的性情便弄得十分为难。前几年不管对得起他不,倒容易——

现在结果，也许我谁都没有对得起，您看多冤！

我自己也到了相当年纪，也没有什么成就，眼看得机会愈少——我是个兴奋 type accomplish things by sudden inspiration and master stroke。不是能用功慢慢修炼的人。现在身体也不好，家常的负担也繁重，真是怕从此平庸处世，做妻生仔地过一世！我禁不住伤心起来。想到志摩今夏的 inspiring friendship and love 对于我，我难过极了。

这几天思念他得很，但是他如果活着，恐怕我待他仍不能改的。事实上太不可能。也许那就是我不够爱他的缘故，也就是我爱我现在的家在一切之上的确证。志摩也承认过这话。

徽因
二十一年正月一日

每个女人都该有个男闺密

沈从文是徐志摩的得意弟子。"二哥"是林徽因对沈从文的称呼。据费慰梅说，1934年，沈从文当上《大公报·文艺副刊》的主编，而林徽因的大部分作品都在那里发表。沈从文和林徽因差不多年纪。林徽因很喜欢沈从文的作品，他们之间发展出一种熟稔的友谊，沈从文一有问题就去找她商量，找她想办法。

有些朋友，当我们有了心事，有了苦恼时，很想找他倾诉。这样的朋友会是很好的倾听者，让你放松，在他们面前，你没有任何心理压力，总能让你发泄出自己的"郁闷"，让你重获平衡的心态。

林徽因和沈从文就是这样的好朋友。

一九三五年十一月下旬致沈从文

二哥：

怎么了？大公报到底被收拾，真叫人生气！有办法否？

昨晚我们这里忽收到两份怪报，名叫"亚洲民报"，篇幅大权，似乎内中还有文艺副刊，是大规模的组织，且有计划的，看情形似乎要大公报永远关门。气糊涂了我！我只希看是我神经过敏。社论看了叫人毛发能倒竖。

这日子如何"打发"？我们这国民连骨头都腐了！有消息请告一二。

徽因

一九三六年二月二十七日致沈从文

二哥：

　　世间事有你想不到的那么古怪，你的信来的时候正碰到我双手托着头在自恨自伤的一片苦楚的情绪中熬着。在廿四个钟头中，我前前后后，理智的，客观的，把许多纠纷痛苦和挣扎或希看或颓废的详目通通看过好几遍，一方面展开事实观察，一方面分析自己的性格情绪历史，别人的性格情绪历史，两人或两人以上互相的生活，情绪和历史，我只感到一种悲哀，失看，对自己对生活全都失看无爱好。我觉到像我这样的人应该死往；减少自己及别人的痛苦！这或是暂时的一种情绪，一会儿希看会好。

　　在这样的消极悲伤的情景下，接到你的信，理智上，我固然同情你所告诉我你的苦痛（情绪的紧张），在情感上我却很羡慕你那么积极那么热烈，那么丰富的情绪，至少此刻同我的比，我的显然萧条颓废消极无用。你的是在情感的尖锐上奔进！

　　可是此刻我们有个共同的烦恼，那便是可惜时间和精力，由于情绪的盘旋而耗废去。

　　你希看捉住理性的自己，或许找个聪明的人帮忙你整理一下你的苦恼或是"横溢的情感"想法把它安排妥帖一点，你竟找到我来，我懂得的，我也经常被同种的纠纷弄得左不是右不是，生活掀在波涛里盲目的同危险周旋，累得我既为旁人焦灼，又为自己操心，又同情于自己又很不愿意宽恕放任自己。

　　不过我同你有大不同处：若是在横溢奔放的情感中时，我便觉到捉住一种生活的意义，即使这横溢奔放的情感所发生的行为上纠纷是快乐与苦辣对渗的性质，我也不难过不在乎。我认定了生活本身原质是矛盾的，我只要生活体验到极真个愉快，灵质的，透明的，美丽的近于神话理想的快活，以下我情愿也随着赔偿这天赐的幸福,坑在悲痛,纠纷失看,无看,寂寞中推过若干时候似乎等自己的血来在创伤上结痂一样!一切我都在无声中忍受默默地等天来布置我,没有一句话说!(我且说说来给你做个参考)

我所谓极真个、浪漫的或实际的都无关系,反正我的主义是要生活,没有情感的生活简直是死!生活必须体验丰富的情感,把自己变成丰富,宽大能优容能了解,能同情种种"人性",能懂得自己,不苛责自己,也不苛责旁人,不难自己以所不能,也不难别人所不能,更不愿运命或是上帝,看清了世界本是各种人性混合做成的纠纷,人性又就是那么一回事,脱不掉生理,心理,环境习惯先天特质的凑合!把道德放大了讲,别裁判或裁削自己。任性到损害旁人时假如你不忍,你就根本办不到任性的事,(假如你办得到,那你那种残忍,便是你自己性格里的一点特性也用不着过分的往纠正)想做的事太多,并且互相冲突时,拣最想做——想做到顾不得旁的牺牲——的事做,未做时心中发生纠纷是免不了的,做后最用不着后悔,由于你既会往做,那桩事便一定是不可免的,别尽着罪过自己。

我方才所说到极真个愉快灵质的透明的美丽的快乐不知道你有否同一样感觉。我的确有过,我不忘却我的幸福。我以为最愉快的事都是一闪亮的在一段较短的时间内进出神奇的——如同两个人透彻的了解:一句话打到你心里使得你理智和感情全觉到一万万分满足;如同相爱:在一个时候里,你同你自身以外另一个人互相以彼此存在为极真个幸福;如同恋爱,在那时那刻眼所见,耳所听,心所触无所不是美丽,情感如诗歌自然的活动如花香那样不知其所以。这些种种便都是一生中不可多得的瑰宝。世界上没有多少人有那机会,且没有多少人有那种天赋的敏感和柔情来尝味那经验所以就有那种机会也无用。假如有如诗剧神话般的实景，当时当事者本身却没有领会诗的情感又如何行？即使有了，只是浅俗的赏月折花的限量那又有什么话说?！转过来说，对悲哀的敏感轻易也是生活中可贵处。当时当事，你也许得流出血泪，过往后那些在你经验中也是不可鄙视的创痂（此时此刻说说话，我倒暂时忘记了昨天到今晚已整整哭了廿四小时中间仅仅睡着三四个钟头方才在过分的失看中颓废着觉到浪费着时间精力，很使自己感叹）在夫妇中间为着相爱纠纷自然痛苦不过那种痛苦也是夹着极端丰富的幸福在内的。冷漠不关心的夫妇结合才是真正的悲剧！

假如在"横溢情感"和"僵死麻痹的无情感"中叫我来拣一个我毫无题目要拣上面的一个，不管是为我自己或是为别人。人活着的意义基本的是在能体验情感。能体验情感还得有聪明有思想来分别了解那情感——自己的或别人的！假如再能表现你自己所体验所了解的种种在文字上——不管那算是宗教或哲学，诗，或是小说，或是社会学论文——（谁管那些）——使得别人也更得点人生意义，那或许就是所有的意义了——不管人文明到什么程度，天文地理科学的通到哪里往，这点人性还是一样的主要一样的是人生的关键。

（在一些微笑或皱眉印象上称较分量在无边际人事上驰骋细想正是一种生活）

算了吧！二哥，别太罪责自己，有空来我这里，咱们再费点时间讨论讨论它，你还可以告诉我一点实在情形。我在廿四小时中只在想自己如何消极到如此田地苦到如此如此，而使我苦得想往死的那个人自己在往上海火车中也苦得要命已经给我来了两封电报一封信，这不是"人性"的悲剧么？那个人便是说他最不喜管人性的梁二哥!

你一定得同老金谈谈,他真是能了解同时又极客观极同情极懂得人性,虽然他自己并不一定会提起他的历史。

徽因

一九三七年十月致沈从文

二哥:

我欠你一封信,欠得太久了!现在第一件事要告诉你的就是我们又都在间隔相近的一处了。大家当时分手得那么突兀惨淡,现在零零落落的似乎又聚集起来。一切转变得非常古怪,两月以来我种种的感到糊涂。事情越看得多点,心越焦,我并不稀奇自己没有青年人抗战复兴奋的情绪,由于我比很多人明白一点自己并没有抗战,生活离前线太远,一方面自己的理智方面也仍然没有失却它平常的职能,观察得到一些叫人心里顶难过的事。心里有时像个药罐子。

自你走后我们北京学社方面发生了很多叫我们操心的事,好轻易挨过了俩仨星期(我都记不清有多久了)才算走脱,最后我是病的,却没有声张,临走往医院检查了一遍,结果是得着医生严重的警告——但警告白警告,我的寿命是由天的了。临行的前夜一直弄到半夜三点半,次早六时由家里出发,我只觉得是硬由北总布胡同扯出来上车拉倒。东西全弃下倒无所谓,最难过的是很多朋友都像是放下忍心的走掉,端公太太、公超太太住在我家,临别真是说不出的感到似乎是故意那么狠心地把她们抛下。也是一个使我顶不知怎样才好的,而偏偏我就根本赶不上往北城一趟看看她。我恨不得是把所有北京留下的太大孩子挤在一块走出到天津再说。可是我也知道天津地方更莫名其妙,生活又贵,平津那一节火车情形那时也是一天一个花样,谁都不保险会出什么样把戏的。

　　这是过往的话了，现在也无从说起，自从那时以后，我们真走了不少地方。由卢沟桥事变到现在，我们把中国所有的铁路都走了一段！最紧张的是由北京到天津，由济南到郑州。带着行李小孩奉着老母，由天津到长沙共计上下船车十六次，进出旅店十二次，这样走法也就很够经验的，所为的是回到自己的后方。现在后方已回到了，我们对于战时的国家仅是个不可救药的累赘而已。同时我们又似乎感到很多我们可用的气力废放在这里，是由于各方面缺乏更好的组织来尽量的采用。我们初到时的兴奋，现实已变成习惯的悲感。更其糟的是这几天看到很多过路的队伍兵丁，由他们吃的穿的到其他一切一切。"惭愧"两字我嫌它们过于单纯，所以我没有字书告诉你，我心里所感慨的味道。

　　前几天我着急过津浦线上情形，后来我急过"晋北"的情形——那时还是真正的"晋北"——由大营到繁峙代县，雁门朔县宁武原平崞县忻县一带路，我们是熟极的，阳明堡以北到大同的公路更是有过老朋友交情，那一带的防御在卢变以后一星期中我们所知道的即是"鸡蛋"。我就不信后来赶得及怎样"了不起"的防御工作，老西儿的军队更是软懦到万分见不得风的，怎不叫我跳急到万分！好在现在情形已又不同了，谢老天爷，但是看战报的热情是罪过的。假如我们再按紧一点事实的想象：天这样冷（就不说别的！）战士们在怎样的一个情形下活着或死往！三个月以前，我们在那边已穿过棉！所以一天到晚，我真不知想什么好，后方的热情是罪过，不热情的话不更罪过？二哥，你想，我们该怎样的活着才有法子安置这一副还未死透的良心？

　　我们太平时代（考古）的事业，现时谈不到别的了，在极省俭的法子下维护它不死，待战后再恢复算最为得体的办法。个人生活已甚苦，但尚不到苦到"不堪"。我是女人，当然立即变成纯净的"糟糠"的典型，租到两间屋子烹调，课子、洗衣、展床，逐日如在走马灯中过往。中间来几次空袭警报，生活也就饱满到万分。注：一到就发生住的问题，同时患腹泻所以在极马虎中租到一个人家楼上的两间屋。就在火车站旁，火车可以说是从我窗下过往！所以空袭时颇不妙，多暂避于临时大学（熟人尚多见面，金甫亦"高个子"如故）文艺理想都像在北海王龙亭看虹那么样是过往中一种偶然的遭遇，现实只有一堆矛盾的现实抓在手里。

话又说多了，且乱，正像我的老样子。二哥你现实在做什么，有空快给我一封信。(在汉口时，我知道你在隔江，就无法来找你一趟）我在长沙回首雁门，正不知有多少伤心呢，不日或起早到昆明长途车约七八日，天已严冷，秋气肃杀，这路不太好走，或要往重庆再到成都，一切以营造学社工作为转移（而其间题目尚多，今天不谈了）现在因时有空袭警报，所以一天不能离开老的或小的，精神上真是苦极苦极，一天的操纵也于我的身体有相当威胁。

徽因　在长沙
长沙韭菜园教厂坪刘宅梁

第八章

鞠躬尽瘁，死而后已

春蚕到死丝方尽

1946年7月,梁家结束九年流亡生活。九年前,在五台山佛光寺发现两个月后,梁家开始了流亡生活。1938年,昆明;1940年,龙头村;1941年至1946年,四川李庄;1946年,返回北京前。九年后的林徽因已无力站着和朋友合影。医生警告说,她的生命已不足五年。1946年7月底,结束九年流亡生涯,梁家终于回到北京。

回到北京的林徽因,参与创建了清华建筑系,还在家积极教授学生。有一种"永葆青春"的气概,以连续的"建设"和"创造"的业绩,去谱写自己真正的一生。

1. 筹办清华建筑系

1945年抗日战争胜利时,中国营造学社只有梁思成、刘致平、莫宗江和罗哲文四人,经费来源到了山穷水尽的地步。国民政府教育部建议将学社与中研院史语所或中央博物院合并。

梁思成决定到清华大学去创办建筑系,于是给梅贻琦写信:"月函我师,母校工学院成立以来,已十余载,而建筑学始终未列于教程。国内大学之有建筑系者,现仅中大、重大两校而已。抗战军兴以还,各地城市摧毁已甚。将来盟军登陆,国军反攻之时,且将有更猛烈之破坏,战区城市将尽成废墟。英苏等国,战争初发，战争破坏方始，即已着手战后复兴计划。反观我国，不惟计划全无，且人才尤为缺少。"

清华大学批准了梁思成的请求，决定聘任他担任建筑工程学系主任。同时，与中国营造学社合作，成立建筑研究所，梁思成任所长。刘致平、莫宗江、罗哲文也就随同梁思成到了清华大学。

2. 工作是美丽的

胜利后，在北京，林徽因的生活有了新的内容。梁思成应聘筹建清华大学建筑系，但不久他即到美国去讲学。开办新系的许多工作暂时都落到了她这个没有任何名义的病人身上。她几乎就在病床上，为创立建筑系做了大量组织工作，同青年教师们建立了亲密的同事情谊，热心地在学术思想上同他们进行了许多毫无保留的探讨和交流。同时，她也交结了复原后清华、北大的许多文学、外语方面的中青年教师，经常兴致勃勃地同他们在广阔的学术领域中进行讨论。从汉武帝到杨小楼，从曼斯斐尔到澳尔夫，她都有浓厚的兴趣和自己的见解。

清华建筑系的第一个学期，梁思成匆匆赶赴美国。他受国民政府教育部委托，赴美国考察战后建筑教育，并应耶鲁大学邀请，前去讲授中国建筑和艺术。1946年梁思成赴美前夕，写信邀请吴良镛加盟新创办的清华建筑系。吴良镛到校时已是10月，立即投入建系工作。一切从零开始。教室安排在清华旧水利馆楼上。系主任由当时的土木系吴柳生教授代理，但关键的事都是林徽因先生在病榻上操心，吴良镛为学生上了第一课"建筑三原则——广义的住与狭义的住"，这时除教学备课外吴良镛主要从事系的基本建设。委托北京美专翻制石膏像，添置画架，购置图书，建立图书室等。

建系时的各种杂务,则和病床上的林徽因一同商议。吴良镛有时利用下午4时后梁家茶叙时间到梁先生住所谈系里的事情。

吴良镛后来说过:"我能在林先生生命的最后10年里(从1945年晤面到1955年)有她对我的学习与工作进行指点,这是我毕生幸事之一,对我的教育和影响很大。"

林徽因把全部心血拿出来帮吴良镛把建筑系搞起来,从桌椅板凳、行政工作,一直到课程的设置,甚至第一次学生怎么上课,全部都参加,真是花尽心血。但是当时她既不是清华的教授,也不是清华的职员,什么都不是,也不领任何工资。

战后的清华建筑系,就这样燕子衔泥一般地创办起来。

战火逼近前夕,北京尚有些许安宁。饱受煎熬的学者们从大西南返回校园,北京的各个大学在1946年秋正式复课。张德沛、朱自煊和其他13名同学,成了清华建筑系的第一班学生。

1946年秋,建筑系如期开学。第一学期,吴良镛是系里唯一的专业任课老师。

1947年初,原营造学社社员,刘致平、莫宗江、罗哲文一道北上,加盟了清华建筑系,教师队伍开始扩大。建筑系最初的专业训练仍然是古典柱式的基本画法、渲染画等这些以巴黎美术学院为代表的古典主义教学模式。

在战争隔绝了中国和世界交流的那些年里,现代主义潮流已经在西方的建筑领域奔涌喧腾。这场改变传统建筑教育模式的现代主义之风,源于20世纪初工业革命的发展,大量新型建筑材料的出现,玻璃、钢铁,新的结构工艺使得曾经无法创立的建筑成为可能。鳞次栉比的摩天大楼,成为现代主义建筑的标志。现代主义猛烈抨击古典主义学院派教育对于建筑形式、建筑语言、建筑历史的过分依赖,束缚了建筑师的创造力。这场建筑界的革命,萌发于德国包豪斯学院,并在二战期间进入美国,迅速占领欧美各大建筑学院。

约翰·布拉托说:"包豪斯否定历史,他们对历史不感兴趣,对这些古典主义教科书不感兴趣。学习建筑的方式就是坐在教室中,无中生有地去'发明'一些东西,就是寄希望于灵感突发、天才涌现。在古典主义教育模式下,学生被教会如何使用一些建筑语汇。如果你是一个天才,毫无疑问会取得重大成就。如果你和大多数建筑师一样,是一个普通的建筑师,你也能设计出一些不错的建筑,因为你掌握了基本的建筑语汇。"

这次席卷全球建筑界的现代主义运动,给建筑教育带来的影响一直受到一些学者的质疑。

梁思成给梅贻琦的信陈述说:"课程方面,生以为国内数大学现在所用的教学方法颇显陈旧,遇于着重派别形式,不近实际。今后课程亦参照德国格鲁庇乌斯所创之包豪斯方法。"

3. 和学生打成一片

汪国瑜先生曾回忆道:"梁家经常是人来人往。营建系的师生自然都愿意往他们家跑,一批一群地像走马灯似的进进出出;二位先生从不腻味,而且是有求必应,有问必答,欢迎青年们去聊谈。常到他们家的还有清华其他系的教授和外校的学者,我常见到的除金岳霖教授是每日早晚必到外,还有张奚若、邓以蛰、钱伟长、王逊、侯仁之等很多先生。他们在梁、林先生家非常随便,天南海北。政治、经济、哲学、宗教、诗词杂文、书法绘画、音乐曲调、工艺美术、戏剧舞美、球类运动,无所不谈;谈中有议、议中有争,争后有评、评中带笑……旁听这些学者教授们的真知灼见、高雅谈吐,使得我们这些敬陪末座的青年们目瞪口呆,忘乎所以。"

但此时,疾病仍在无情地侵蚀着林徽因的生命,肉体正在一步步地辜负着她的精神。 她不得不过一种双重的生活；白天，她会见同事、朋友和学生，谈工作、谈建筑、谈文学……有时兴高采烈，滔滔不绝，以致自己和别人都忘记了她是个重病人。

到了夜里，却又往往整晚不停地咳喘，在床上辗转呻吟，半夜里一次次地吃药、喝水、咳痰……夜深人静，当她这样孤身承受病痛的折磨时，再没有人能帮助她。

她是那样的孤单和无望，有着难以诉说的凄苦。 往往愈是这样，她白天就愈显得兴奋，似乎是想攫取某种精神上的补偿。

1947年前后她的几首病中小诗，对这种难堪的心境作了描述。尽管那调子低沉阴郁得叫人不忍卒读，却把"悲"的美学内涵表达得尽情、贴切。

4. 治学严谨

每当学生来访，林徽因就在床褥之间，"以振奋的心情尽情地为学生讲解，古往今来，对比中外，谑语雄谈，敏思遐想，使初学者思想顿感开阔。 学生走后，常气力不支，卧床喘息而不能吐一言"。

林徽因在建筑和美术方面治学态度是十分严谨的，对工作的要求也十分细致严格，而绝没有那种大而化之的"顾问"作风。 这里，我手头有两页她的残留信稿，可以作为这方面的一个例证。 为了不使我的这份记述成为空洞的评议，这里也只好用一点篇幅来引录信的原文，也可以算是她这部文集的一个"补遗"吧。 1953年前后，由北京文物整理委员会编，人民美术出版社出版的《中国建筑彩画图案》，请她审稿并作序，她对其中彩图的效果很不满意，写信提出了批评，其最后几段如下：

4. 青绿的双调和各彩色在应用上改动的结果，在全梁彩色组合上，把主要的对比搅乱了。如将那天你社留给我的那张印好的彩画样干，同清宫中大和门中梁上彩画（庚子年日军侵入北京时，由东京帝国大学建筑专家所测绘的一图，两者正是同一规格）详细核对，比照着一起看时，问题就很明显。原来的构图是以较暗的青绿为两端箍头藻头的主调，来衬托第一条梁中段以朱为地，以彩色吉祥草为纹样的枋心，和第二条梁靠近枋心的左右红地吉祥草的两段藻头。两层梁架上就只出三块红色的主题，当中再隔开一块长而细的红色垫版，全梁青、绿和朱的对比就清清楚楚，明明白白，一点也不乱。

从花纹的比例上看，原来的纹样细密如锦，给人的感觉非常安静，不像这次所印的那样浑圆粗大，被金和白搅得热闹嘈杂，在效果上有异常不同的表现。青绿两色都是中国的矿质颜料，它们调和相处，不黯也不跳；白色略带蜜黄，不太宽，也不突出。在另外一张彩画上看到，原是细致如少数民族边饰织纹的箍头两旁纹样，在比例上也被你们那里的艺人们在插图时放大了。总而言之，那张印样确是走了样的和玺（木宛）花结带，与太和门中梁上同一格式的彩画相比，变得五彩缤纷，宾主不分，八仙过海，各显其能，聒噪喧腾，一片热闹而不知所云。从艺术效果上说，确是个失败的例子。

从这段信中，不仅可以看出她对自己的专业的钻研是怎样的深入细致，而且还可以看到，她在用语言准确而生动地表述形象和色彩方面，有着多么独到的功夫。

5. 生活要有新内容

新中国成立后，林徽因做过肾切除手术已经两年了，尽管她的身体依旧虚弱，但是却比手术前强多了，于是，林徽因对事业又重新燃起了希望。身为营建学系的教授，林徽因因身体原因实在无力到教室给学生上课，便只好在自己家中为学生们开课，开讲的是有正式学分的"住宅问题"课程。

林徽因关注住宅问题以及民居的由来已久。在20世纪30年代，营造学社同仁到野外进行古建筑考察时，梁思成他们只有一台老式照相机，胶片也是稀缺之物，梁思成要照斗拱，林徽因要照民居，他们时常为此争执不下，但因为斗拱在建筑历史中的独特重要性，最后总是林徽因做了让步。

1934年，林徽因、梁思成和费氏夫妇结伴同行去山西考察，沿途看到各种各样的山西民居。在艰辛的考察途中，他们甚至阴差阳错地在原晋商大院中住了一晚，使林徽因对民居发生了浓厚的兴趣。

考察回京后，林徽因发表了这次考察报告《晋梁古建筑预查纪略》一文，在文中有一节专门介绍"山西民居"，那也是至清朝灭亡，打开国门以来，首次有我国建筑学家写有关民居方面的学术论文。

"七七事变"后南渡以来，林徽因和营造学社的其他成员辗转几千里穿越了大半个中国，在那种艰苦的旅途中，他们认识到中国民居在建筑学中的特殊重要性，那些民居也因居民生活、生产方式以及气候环境的变化，而呈不同特色，这也促使他们对中国民居这种建筑形式的更多关注。像中国建筑界的研究民居的大家刘敦桢和刘致平，就是这个时候对中国民居产生出浓厚的兴趣的。

1945年，在中国大西南的小镇李庄，与国际建筑界隔绝多年的梁家得到费正清夫妇带来的国外的一些书籍和刊物，其中有一本美国近代住宅专家凯萨林·保尔写的《近代住宅》一书，使得他们了解到国际社会中住宅问题的最新研究成果。

林徽因敏锐地注意到这一问题，受到此书的启发，林徽因认为应该特别关注建筑中的"人"的问题。据梁再冰回忆："作为建筑师的妈妈一向重视'人'和建筑物的关系。她的建筑设计思维的一个特点就是，总是认真细致地考虑各种建筑物中人的方便和审美需求。所以，她对住各种房子（无论是古代的，还是现代的）里的人的物质和精神生活都比较注意。"

在这一年克服了各种困难出版发行的《中国营造学社汇刊·七卷二期》上，林徽因发表了《现代住宅设计的参考》一文，这也是中国建筑学家首次发表关于现代住宅问题的学术性论文。

林徽因感到战后的中国将存在大量的住宅问题，作为一个建筑学家，有责任为国家、政府以及人民提到这一容易忽视的问题，林徽因在文章中写道："……现在的时代不同了，多数国家都对于人民个别或集体的住的问题极端重视，认为它是国家或社会的责任。以最新的理想与技术合作，使住宅设计，不但是美术，且成为特种的社会科学……"

时光流转到新中国成立后，梁思成在清华大学营建学系倡导"体形环境论"，并在营建学系提出"住者有其房"的口号，积极投身于祖国建设的洪流之中。"梁、林"针对国家需要大量建设人才解决人民安居乐业的问题，由林徽因开设"住宅问题"课程，也可以说，这种与时俱进的做法是国家和社会的需要。

那时梁思成和林徽因都是北京市都市计划委员会成员，他们非常热心北京市的住宅建设。有一次，北京市政府组织相关人员参观为了改善北京居民而建设的第一批平房住宅，当时组织人是北京市政府秘书长薛子正，梁思成和林徽因都积极参加。特别是平时困居于家中的林徽因，更是不顾自己的健康，认真地做了参观。

据吴良镛回忆说："相当长的一段时期来，从未看见林（徽因）先生走这么远的路。正是在林先生的倡导和影响下，清华建筑系保留了一些重视住宅建设的传统。"

林徽因在授课之余，也会提出一些有趣的课题作为学生的毕业论文，然后进行指导。进入到新社会，林徽因敏锐地感觉到反映旧时代的建筑物必然在社会的发展中被湮没，因此有必要对这些建筑物进行抢救性研究或记录，以给后人保存下可供研究的史料。

面对选择毕业论文的学生们，林徽因提到应该关注那些"老字号"铺面的建筑。那些旧式商店有几十年甚至几百年的历史传承，建筑形象也是各具特色，但随之社会性质的改变和城市的发展，一些老式的店面被逐渐取代是弹指间的事，因此应当尽可能地把这一切保护或记录下来。

这个课题由一位来自香港的同学黄家源承担了。黄家源有一个独特的优势是擅长摄影，并有一台很好的摄影机。随后在几个月的时间里，黄同学在北京城内的商业街道四处奔波，一个接一个地拍了许多店面的照片，有药铺、当铺、点心铺、香烛店、首饰店、布庄、前店后厂的景泰蓝作坊等等，保存了非常珍贵的文物资料。

后来，黄家源同学于1951年的毕业论文《北京临街店面建筑的演变》中，对老北京的临街建筑的历史传承做了论述，并内附多帧老店面黑白照片，十分珍贵，封面上还有导师梁思成的评语和签章。

对于这些民间建筑，林徽因是一向持保护态度的。1953年8月，林徽因在参加北京市副市长吴晗主持的"关于首都文物建筑保护座谈会"上，慷慨陈词："北京市保护旧文物建筑多半属于宫殿、庙宇，对民间建筑便没有注意。艺术从来有两个系统，一个是宫殿艺术、一个是民间艺术，后者包括一些住宅和店面，有些手法非常好，如何保存这些是非常重要的。"接着她就又谈了一些民间建筑，特别是民居的四合院、作坊、铺面等的价值和重要性，应该很好地调查，选择一些加以保护。

林徽因的发言得到了著名学者郑振铎（时任文化部副部长兼文物局局长）的支持，从而受到了许多专家学者的重视，对以后的古建保护工作起到了一定的作用。

在对学生的毕业论文指导中，林徽因还提到过的一个课题是应该研究清代的八旗营房问题。

清朝实行八旗兵制，在外地的八旗兵称为"驻防八旗"，在北京的八旗兵称为"禁旅八旗"。"禁旅八旗"的驻地分布在北京城内各地（镶黄旗在安定门内，正白旗在东直门内，镶白旗在朝阳门内，正蓝旗在崇文门内，正黄旗在德胜门内，正红旗在西直门内，镶红旗在阜成门内，镶蓝旗在宣武门内。）因与民居混居，八旗营房早已失去原来形制。 而"包衣三旗"（由上三旗的包衣组成，包衣是奴仆和臣民之意）驻扎在圆明园四周，其营房是在清雍正年间按一定规划设计，由于承平日久，八旗驻地从单纯的兵营演变成一种带眷属的集体住宅。

林徽因认为"包衣三旗"的兵营与日后大量修建的集体住宅可能有相似的内容，对这种旧式军营住宅很有测绘和研究的必要。 因此，提出学生们应该将这一课题选为毕业论文，在调查中要做大量走门串户的工作，由两位女同学合作应该最为合适，营建学系女生王其明和茹竞华就愉快地接受了这项任务。

"包衣三旗"的驻地圆明园附近离清华大学不远，调查起来也比较便利，这样王其明、茹竞华二人就在林徽因的指导下，经常深入实地调查。 在调查中，她们常常把各种情况反馈回来报告给林徽因，林徽因就再热心地教给她们怎么访问、怎样分析问题找出疑点、怎么查阅资料等等，为她们的有所收获而高兴。

据王其明回忆："那个时候，我们说去（梁家）就去了。去了以后，有时林先生还刚刚起来，她就咳嗽一阵，先把病的难受劲过去，然后再跟我们俩谈话。经常谈不到完，她就得回去。差不多每回都这样。"

据茹竞华回忆："林先生不厌其烦地解答所有问题，她那时的身体已经很弱，常常是讲几句话就咳嗽不止，只好停一会儿再继续说。咳得厉害时，脸都涨红了，我们心中不忍，可又非常想多听听她的指导。"

1951年上半年，王其明和茹竞华的毕业论文《圆明园附近清代营房的调查分析》在林徽因的指导下完成了。梁思成按林徽因的意见写了评语，林徽因亲自签名并盖了图章。

6. 大公无私

清华大学建筑系本来就是梁思成创办，所延聘的教师大多也是梁思成一手决定，而后来，梁思成和林徽因亲手培养的儿子竟然录取不进建筑系。

1950年夏天，终于到了梁从诫高考的日子。

对于梁从诫，梁思成和林徽因寄予了很深的期望，他们从小就培养梁从诫在建筑学方面的兴趣，希望他能够子承父业。"梁、林"对所教之材很看重天赋，像梁从诫很有绘画天分，自幼喜欢美术、工艺及图案设计，父母也就悉心教授；而与此相比较的是，梁再冰自小不喜欢绘画，父母认为她没有这方面的天分，因此也不怎么教她。

国旗方案在全国征求过程中，当时年仅17岁的梁从诫背着父母设计了一款图案去应征，在全国应征的 2992 份方案中被挑出，作为 38 个候选方案之一，以后这 38 个方案专门出过一本图集，供人们参考。尽管最终梁从诫的方案落选，但也证明了他确实具有一定的艺术设计水平和艺术鉴赏能力。

可是天不遂人愿，由于考试成绩不理想，梁从诫以几分之差没被建筑系录取，而只能被第二志愿清华大学历史系录取，这不但让梁从诫深感遗憾，梁思成和林徽因也非常失望。

按照清华大学以往的管理模式是"教授治校"，就是（梅贻琦）校长把权力下放给"教授评议委员会"，遇事由校长、各系主任和几位重量级的教授合议管理。如果录取分数不够，按照惯例，基于对学校和学生的负责态度，是不予录取的。

同时，清华还有一项不成文的传统，即新生入学后，经过一段时间的学习，如果自己觉得或者老师发现不适合学习现在的专业，可以自动或者接受劝告，申请转到别的合适的专业。只要双方系主任同意，学校一般都会批准。

但是从 1950 年起，大学生也实行统一招考，统一分配。教育部规定，新生入学后，除特殊情况外，一般不得转系转学。但对于哪种情况才属于特殊情况，又缺乏具体标准。

本来凭借梁思成在清华大学的崇高威望，按照梁从诫的实际情况，把梁从诫从历史系转到建筑系也并非难事，可是旧中国变成了新中国，在人民民主专政下领导的清华大学教授们也显得政治极为敏感，人们在政治上都表现得很积极很有觉悟，并且都很怕事，这一切让原来简单的事情显得扑朔迷离起来。

但性情刚烈、干练直爽的林徽因是不会那么善罢甘休的。但转系涉及学籍问题，在以严格著称的清华大学而要学籍名正言顺转在建筑系里，可不是件容易的事。最好的办法和最正规的做法也只能是在教授会上，针对此问题提出诉求，得到教授们的认可，才能获得成功。

在林徽因的督促下,梁思成为此事找了老友教务长周培源、经济学系主任陈岱孙教授、化学系主任张子高教授说情,谈了梁从诫的情况,希望在梁从诫转系问题上给以照顾,后者都表示已知道此事,到时候看情况而定。 眼见老友们态度模棱两可,林徽因又让梁思成找了他的体育教师、清华大学体育部主任、当时刚刚兼任新中国体育总会副主席的清华元老马约翰老先生,希望马老能从中给以协助,玉成此事。

林徽因还找到营建系留系任教的朱自煊,让他给梁从诫和另一位欲转营建系的女生,在暑假里补习一些建筑系所需的课程,特别是"建筑制图"。 经过朱自煊一个假期的认真授课,梁从诫和那位女生进步很大,作业取得了很好的成绩,朱自煊也给予了他们很高的评价。 无疑在专业课上,梁从诫已经达到了转入营建系学习的条件。

"教授治校"是清华的传统,那些教授会的教授们把清华的名誉看得很重,并且对"客观公正"像一根筋一样地坚持着。

但梁从诫转系的事明显与上述情事不同,因为梁从诫已经是清华大学的正式录取生,转系则为清华校内管理方面的特别情形。 清华大学在民国期间,如果新生入学后发现不适合学习现在的专业,可以转系学习。 而新中国的教育部也规定,除特殊情况外,一般不得转系转学。 但是像梁从诫这样的情况算不算特殊的爱好和才能? 够不够转系条件? 这在教授校务会中展开了激烈的争论。

教授会一般都是校务会主任叶企孙、文学系主任冯友兰、经济系主任陈岱孙、哲学系主任金岳霖、教务长周培源、化学系主任张子高、图书馆长潘光旦、建筑系主任梁思成、体育部主任马约翰等名教授组成。

在会议上,梁思成谈到有一些包括梁从诫的新生想转到建筑系的问题时,金岳霖教授首先说话了,他认为:"梁从诫专业课成绩很好，只是总分差了几分。他对建筑有特殊的爱好和才能，学建筑学可以更好地发挥他的特长，应该批准他转学。"

教授们纷纷发言，总觉得像梁从诫这样从低分的历史系转到高分的建筑系，似乎不太公平。如果那样的话，其他学生也"低分高就"而群起效尤，将会给清华的招生工作带来一定困扰。

在众说纷纭中，时任教务长的物理学家周培源教授认为不能因为照顾熟人的关系而开例，他果断地说："梁从诫的情况不算太特殊，类似他的学生还有一些；如果都批准，不符合'一般不得转系'的规定。"

为此，金岳霖教授和周培源教授这两位老朋友在会场上当面大吵，还拍了桌子。梁思成在这种情况之下，自然不再方便发声，由于多数的教授们倾向"大公无私"的周培源教授的意见，梁从诫未被批准转系，其他一般申请转系的同学也大都被拒绝。

金岳霖是个忠厚人，尽管他和周培源起过争吵，但他从大处着眼，从不计较。在他晚年对周培源的回忆中，也间接地表达了对周培源的处事原则的认可。

金岳霖说："周先生是很好的物理学家，在清华他很快就当上了行政人员，我想好些人觉得可惜。王（蒂澂）女士不只是觉得可惜而已。她知道周先生不笨，学问很好。但是，是不是太'傻'了一点呢？王本人是否真有此思想我不知道，我认为她有。根据这一看法，我就解释说：'这不是傻，是急功好义。学校有要紧事，总是周公出来办理，他总是从保护学校出来办的；这是出于公，不是私。'王蒂澂知道有人有此看法，也就不太当心了。"

梁从诫后来回忆道："我曾经考清华建筑系没考取，差了两三分，我父亲觉得特别丢他的脸。现在回头看，当时的清华是多么严格，尽管我是梁思成的儿子，可说进不去就进不去。后来我上了清华历史系，在建筑系旁听着把建筑的很多学科修了下来。"

而曾经给梁从诫补课的朱自煊后来成为建筑系教授，据他回忆："那时转系的人很多，也有理学院、法学院转来的（梁从诫所在的历史系属文学院），奇怪的是梁从诫和那位女同学竟没有转成，至今我还不明白。这件事可能对林先生也是一个不小的打击，我也不敢去问她。以后，我常以此事说明清华校风严谨廉正来自慰，为梁、林二师这种崇高无私精神而心悦诚服。"

7. 学生林洙

林洙是梁思成的第二任妻子。她也是林徽因的学生。

在认识梁氏夫妇之前，林洙对于二人的印象是："林徽因是我们福建的才女。在我们家的客厅经常有些家乡人来拉家常，几乎每次都要提到林徽因，并谈到她嫁给梁启超的长子梁思成。他们还说：'梁思成、陈寅恪与翁文灏三人被誉为中国的三位国宝。'"

1948年的时候，林洙在上海结束了中学教育，考上了私立上海圣约翰大学和南京金陵女子大学。但是当时私立大学的学费相当昂贵，林洙的哥哥已经在一个私立大学就读，如果林洙再上私立大学，对于一个公职人员的家庭来说，在经济上几乎是难以负担的。

恰巧，这时林洙的男朋友程应铨要北上到清华大学建筑系任教。林父决定让兄妹二人都随程北上求学。林父听说清华设有先修班，因此写信给清华的同乡林徽因，请她帮助我进入清华大学先修班学习。

林洙到清华后的第一件事是去拜访林徽因。但林徽因不久前刚刚做了肾切除手术，肺部结核也已到了晚期，医生告诉梁思成说她将不久于人世了。

林洙此时心情很矛盾，反复地考虑着去不去拜见林徽因。因为她不断听到人们对林徽因超人才智的赞扬,以及对梁氏夫妇渊博学问的敬佩。

林洙有点儿害怕了,担心自己这个没被清华录取的小青年,在林徽因的面前将多么尴尬。所以,她一直拖延着去拜见林徽因的日期。

林洙对初次见面的情形记忆犹新,她在《梁思成、林徽因与我》一书中详细写道:

在一个初秋的早上,阳光灿烂,微风和煦,我来到清华的教师住宅区新林院8号梁家的门口,轻轻地叩了几下门。开门的刘妈把我引到一间古色古香的起居室,这是一个长方形的房间,北半部作为餐厅,南半部为起居室。靠窗放着一个大沙发,在屋中间放着一组小沙发。靠西墙有一个矮书柜,上面摆着几件大小不同的金石佛像,还有一个白色的小陶猪及马头。家具都是旧的,但窗帘和沙发面料却很特别,是用织地毯的本色坯布做的,看起来很厚,质感很强。在窗帘的一角缀有咖啡色的图案,沙发的扶手及靠背上都铺着绣有黑线挑花的白土布,但也是旧的,我一眼就看出这些刺绣出自云南苗族姑娘的手。在昆明、上海我曾到过某些达官贵人的宅第,见过豪华精美的陈设。但是像这个客厅这样朴素而高雅的布置,我却从来没有见过。

我的注意力被书架上的一张老照片吸引住了,那是林徽因和她父亲的合影。看上去林先生当时只有十五六岁。啊!我终于见到了这位美人。我不想用细长的眉毛,大大的眼睛,双眼皮,长睫毛,高鼻梁,含笑的嘴,瓜子脸……这样的词汇来形容她。不能,在我可怜的词汇中找不出可以形容她的字眼,她给人的是一种完整的美感:是她的神,而不全是貌,是她那双凝神的眼睛里深深蕴藏着的美。当我正在注视这张照片时,只听卧室的门"嗒"的一声开了。我回转身来,见到林先生略带咳嗽、微笑着走进来,她边和我握手边说:"对不起,早上总是要咳这么一大阵子,等到喘息稍定才能见人,否则是见不得人的。"她后面一句话说得那么自然诙谐,使我紧张的心弦顿时松弛了下来。后来我才知道,她这句话包含着她这一辈子所受的病痛的折磨与苦难。我定睛看着她。天哪!我再也没有见过比她更瘦的人了。这是和那张照片完全不同的一个人,她那双深深陷入眼窝中的眼睛,放射着奇异的光彩,一下子就能把对方抓住。她穿一件浅黄色的羊绒衫,白衬衫的领子随意地扣在毛衣内,衬衫的袖口也是很随便地翻卷在毛衣外面。一条米色的裤子,脚上穿一双驼色的绒便鞋。我们都坐下后,她就开始问我报考大学的情况。这是我最怕的事,只得羞怯怯地告诉她,我自认为数学、化学、语文尚好对付,物理和地理不行,最头疼的是英语,我对它简直是一筹莫展。她笑了笑说:"你和我们家的孩子相反,再冰、从诫(梁思成的女儿和儿子)他们都是怕数学,你为什么怕英语?"

"我怕文法,"我说,"我简直搞不清那些文法。"

"英语并不可怕,再冰中学时在同济附中,学的是德语,英语是在家里学的,我只用了一个暑假来教她。学英语就是要多背,不必去管什么文法。一个假期我只选了一本《木偶奇遇记》做她的课本,儿童读物语法简单,故事也吸引人,她读一段背一段。故事读完了,英文也基本学会了,文法也就自然理解了。"

接着她又问起我的食宿情况。我告诉她,我已经在工字厅食堂入伙。系里的美术教师李宗津先生把他在工字厅的宿舍暂时借给我住,因为他城里另有住房。但是工字厅是男教工宿舍,所以很不方便。她很快就想到可以让我借住在吴柳生教授家,并说要亲自去和吴夫人商量。然后她又问我对北京有什么印象,当我正准备寻找一个恰当的词汇来回答她时,她已兴致勃勃地向我介绍起北京的历史。

林洙又说:"我们谈着谈着,实际上是她谈着我听着,不知怎么搞的竟过了两三个小时。我完全忘了她是个重病人,慌忙站起身告辞。"

她笑笑说:"我也累了,每天下午四点我们喝茶,朋友们常来坐坐,欢迎你也来。"我从没有单独和父辈的人交往过,但不知怎么的,一段意想不到的交往就这样开始了。

我从梁家出来感到既兴奋又新鲜。我承认,一个人瘦到她那样很难说是美人,但是即使到现在我仍旧认为,她是我一生中见到的最美、最有风度的女子。她的一举一动,一言一语都充满了美感、充满了生命力、充满了热情。她是语言艺术的大师,我不能想象她那瘦小的身躯怎么能迸发出那么强的光和热;她的眼睛里又怎么能同时蕴藏着智慧、诙谐、调皮、关心、机智和热情。真的,怎能包含那么多的内容。当你和她接触时,实体的林徽因便消失了,感受到的是她带给你的美和强大的生命力。她是那么吸引我,我几乎像恋人似的对她着迷。

后来,林洙和程应铨结婚,林徽因资助了他们小两口。

据林洙的回忆:我那时除了从家里带来的几件首饰外,身无分文。为了安个小家,我准备卖掉一些首饰。那时林先生还健在,她知道了把我找去,问我有困难为什么不告诉她,我没话可说。接着她告诉我,营造学社有一笔专款是用来资助青年学生的,并说我可以用这笔钱。她看我涨红了脸,结结巴巴地说不出话,立刻说:"不要紧的,你可以先借用,以后再还。"并且不由分说地把存折给了我。

第二天我到银行取了些钱,发现这是梁思成的存折,我心中很疑惑。在还回存折时我问起林先生,她笑着说,学社的钱当然用梁先生的名字存啊!

她还送了我一套清代官窑出产的青花瓷杯盘作为礼物,可惜当时我对这份礼物的价值毫无认识。一天,王逊先生看见我用这套茶具待客,吃惊地说:"喔!你就这么用它?"我却学着当时流行的口头语说:"它也要为人民服务。"王逊苦笑了一下,没有作声。我现在每想起这件事,眼前就出现王逊那苦笑的脸,林洙啊!林洙!你真是浅薄而无知。

后来当我提起要归还那笔钱时,林先生总是很快把话题岔开,而且她说话时别人是没有插嘴的余地的。一次,我好不容易找到机会问她是否能让我再把钱存回银行,她却一挥手说:"营造学社已不存在了,你还给谁呀?"我刚要申辩,她摆出一副长辈的神情严厉地说:"以后不要再提了。"我吓了一跳却又无可奈何。直到"文化大革命",我详细地了解了梁思成毕生的经历后,才弄清楚营造学社正是因为没有经费才停办的,最后的那点钱,也都分给社友作为北上的旅费了,哪还有什么专款?

士为知己者用

新社会给了林徽因一个前所未有的、新的、崇高的社会地位。在旧时代,她虽然也在大学教过书,写过诗,发表过学术文章,也颇有一点名气,但始终只不过是"梁思成太太",而没有完全独立的社会身份。

现在,她被正式聘为清华大学建筑系的一级教授、北京市都市计划委员会委员、人民英雄纪念碑建筑委员会委员,她还当选为北京市第一届人民代表大会代表、全国文代会代表……

她真正是以林徽因自己的身份来担任社会职务,来为人民服务了。"士为知己者用",她当然要鞠躬尽瘁。

1. 为祖国奋斗终生

许多著名人士在高龄阶段,仍怀有青年人般的热情,毫无遗憾地为事业奋斗终生的强者。

那些积累了无数人生经验和充满朝气的人,即程度不同地受到人们信赖和尊敬的人,按照自我意愿完成了为人们所崇敬的一生。也许那些为开创使日后青年能充分发挥才智的"后辈之路"的人;满怀创造热情的人,将比年轻人更具有"青春之心"。这种"青春之心",将永远不断地创造那光辉的人生。

生命中最后几年的林徽因，以极大的工作热情、忘我的奉献精神，全力投入国家建设的一系列工作中。

虽然她的病没有起色，但她的精神状态和生活方式，却发生了重大的变化……过去，他们的活动大半限于营造学社和清华建筑系，限于学术圈子，而现在，新政权突然给了他们机会，来参与具有重大社会、政治意义的实际建设工作，特别是请他们参加并指导北京全市的规划工作。 这是新中国成立前做梦也想不到的事。

作为建筑师，他们猛然感到实现宏伟抱负，把才能献给祖国、献给人民的时代奇迹般地到来了。 林徽因以主人翁式的激情，恨不能把过去在建筑、文物、美术、教育等等许多领域中积累的知识和多少年的抱负、理想，在一个早晨统统加以实现。 病情再重也压不住她那突然迸发出来的工作热情。

2. 情系国徽

参加新中国国徽的设计，是林徽因事业上的辉煌。

新中国宣告成立前夕，全国政协筹备会于1949年7月10日在各大报纸发布启事，征集国旗图案、国徽图案、国歌歌词。

国徽图案的设计要求是，具有中国特征、政权特征，须庄严富丽。 截至8月20日，收到应征国徽图案900余件，选出28件送国徽评选小组初选，但均被否定。

几天后，刚成立的全国政治协商委员会召开首届全体会议，主席团正式决定，再次邀请专家另行设计国徽图案，清华大学担当了这一重任。

1950年，以梁思成为首的一个清华建筑系教师小组，参加了国徽图案的设计工作，林徽因是其中一个活跃的成员。 为自己的国家设计国徽,这也许是一个美术家所能遇到的最激动人心的课题了。

林徽因和梁思成当时都决心使我们的国徽具有最鲜明的民族特征,不仅要表现革命的内容,还要体现出我们这文明古国悠久的文化传统。在最初的构思中,他们曾设想过以环形的璧,这种中国古老的形式作为基本图案,以象征团结、丰裕与和平。

国徽设计中许多新的构思都是林徽因首先提出,并勾画成草图。时林徽因正在病中,家里的客厅变成了"作坊",有时她只能坐在床上,面前搁一块木板便是"工作台"。经过一个月的奋斗,10月23日,林徽因主持设计的国徽图案完成了第一稿。

1950年6月11日,经全国政协常委会讨论,议决采取由另一美术家小组设计的天安门作国徽图案。但梁思成认为,"这个图稿看起来好像一个商标,颜色太热闹庸俗,没有庄严的色彩。"这是他和林徽因的共同看法。

出乎意料,会后当天周恩来亲自邀请梁思成,再按政协常委会的要求,组织清华教师重新设计国徽图案。

翌日,梁思成在家里开会,扩大了设计组成员。林徽因分配各人搜集资料、设计细部,强调细部与整体关系,组织他们共同参与完整方案的构思。她启发大家讨论国徽和商标的区别,反复说明,国徽代表国家,包含政权,如果用色太多,就会显得轻率艳俗,会让人感觉像商标。因而国徽图案应该庄严稳重,又不妨富丽堂皇;要象征化、图案化、程式化;要有民族特色。图案要能够雕塑、能做证章、做钢印和其他印章,还得便于印刷不宜走样。

林徽因、梁思成大胆突破了以天安门为主体的设计要求,缩小其在整个图案中的比例,突出五星,表达了新政权的特征。比例缩小后的天安门,虽小却落落大方。与此同时,美术家小组也提交了再次修改的国徽图稿。

为了这个设计，林徽因做了很大贡献，在设计过程中，许多新的构思都是她首先提出并勾画成草图的，她也曾多次亲自带着图版，扶病乘车到中南海，向政府领导人汇报、讲解、听取他们的意见……

在毛主席宣布国徽图案已经通过时，林徽因激动地落了泪。

3. 景泰蓝之恋

新中国成立初期林徽因所热心从事的另一件工作，是倡导某些北京传统手工艺品的设计改革。当时有人来向她呼吁，要挽救当时已濒于停顿、失传的北京景泰蓝、烧瓷等手工业。

她对这件事给予了极大的关住，曾和几位年轻的工艺美术工作者一道，亲自到工场、作坊中去了解景泰蓝等的制作工艺，观看老工人的实际操作。然后她又根据这些工艺特点，亲自设计了一批新的构思简洁、色调明快的民族形式图案，还亲自到作坊里去指导工人烧制样品。在这个过程中，她还为工艺美院带出了两名研究生。可惜的是，她的试验在当时的景泰蓝等行业中未能推开，她的设计被采纳的不多，市面上的景泰蓝仍维持着原来那种陈旧的图案。

亚太地区和平会议筹备组决定，要给每位代表送上一份既有鲜明的中国特色、又精致典雅的礼物。根据不同民族、不同性别代表的习惯爱好，决定制作四类礼品：第一类是丝织品，真丝彩印头巾和刺绣"平金"的女子坎肩；第二类是手工艺品，如景泰蓝、镶嵌漆器、"花丝"银饰物及象牙雕刻、挑花手绢等；第三类是精印的画册，包括年画集、民间剪纸窗花、敦煌壁画的画册；第四类是文学名著，主要是中国作家中获得"斯大林文学奖"的作品。

1950年6月，筹备组将第一二类礼物的设计和准备工作交由林徽因负责。

　　林徽因从小就喜爱美丽的手工艺品，她很快就对这项工作着迷了。她跑了一家又一家生产手工艺品的工厂，仿佛忘记了自己的病痛。她发现这类所谓的工厂，其实只是些小手工作坊。制作景泰蓝的那几家作坊都破败零落。景泰蓝的制作工艺复杂，生产成本高，这些作坊处于倒闭的边缘。

　　林徽因和梁思成商议，在清华建筑系成立了一个美术组，她想借这次制作和平礼物的机会，抢救这一濒于灭绝的中国独有的手工艺品。

　　常沙娜、钱美华、孙君莲三位年轻教师和营建系的莫宗江、李宗津二位老师进行具体设计。

　　林徽因和他们一起，到作坊里去了解景泰蓝的生产工艺，观看工人的操作过程。她对每个工序都有兴趣，经常要动手试一试，掐丝、点蓝、烧蓝……

　　景泰蓝长时期仅有那几种图案，不外乎牡丹、荷花、如意……这些带有浓郁宫廷色彩的富贵吉祥的图案未免过于单调。

　　林徽因和美术小组的人一起设计绘制了一批新的图案，其中祥云火珠的图案简洁、明快，敦煌飞天的形象浪漫动人。他们把这些新图案拿到作坊中去，林徽因就在作坊里亲自看着工人师傅们操作。

　　1952年夏天，林徽因正忙着为即将在北京召开的亚太地区和平会议的各国代表们准备礼物，她的身体感到了不适。

　　林徽因的双肺已被结核病菌深度吞噬，肾脏已被切除了一侧，她每天吃得很少，夜里全靠安眠药才能睡四五个小时。每当她倒在床上，都有可能永远不能起来；可每当她起来后，就又重新焕发出生机勃勃的创造活力。

亚太地区和平会议在北京顺利召开，和平礼物送到了亚太各国代表的手中。苏联著名芭蕾舞演员乌兰诺娃得到了飞天图案的景泰蓝，这位"天鹅公主"喜欢极了："这是代表新中国的新礼物，真是太美了！"

4．人民英雄纪念碑

林徽因在生命的最后时刻所参与的另一项重要工作，是人民英雄纪念碑的设计和建造。

1949年9月30日下午，中国人民政治协商大会结束。会议一致通过了建造人民英雄纪念碑的提案，并通过了纪念碑的碑文。傍晚时分，毛泽东主席和全体与会代表来到天安门广场，举行了纪念碑破土奠基典礼。

北京市都市计划委员会随后向全国征集纪念碑设计方案。不久，收到方案约一百七八十份。大致可分为几个主要类型：（1）认为人民英雄来自广大群众，碑应有亲切感，方案采用平铺在地面的方式；（2）以巨型雕像体现英雄形象；（3）用高耸矗立的碑型或塔型以体现革命先烈高耸云霄的英雄气概和崇高品质。在艺术形式方面，有用中国传统形式的，有用欧洲古典形式的，也有用"现代"式的。

接着，都市计划委员会邀请各单位、各团体的代表以及在京的一些建筑师、艺术家共同评选。平铺地面的方案很快就被否定了。于是用雕像形式还是用碑的形式就成为争论的焦点。

梁思成与陈占祥均力主以中国传统碑的造型为主体进行设计，但他们是少数派。最后在周恩来的支持下，采用碑型得以通过，并明确了下述原则：

（1）鉴于政协会议通过建碑，通过了"碑文"，碑的设计应以"碑文"为中心主题，所以应采用碑的形式。"碑文"中所述的三个大阶段的英雄史迹，可用浮雕表达。

（2）考虑到古今中外都有"碑"，有些方案采用埃及"方尖碑"或罗马"纪念柱"的形式，都难以突出作为主题的"碑文"。以镌刻文字为主题的碑，在我国有悠久传统。所以采用我国传统的碑的形式较为恰当。

（3）中国古碑都矮小郁沉，缺乏英雄气概，必须以革新。

（4）考虑到"碑文"只刻在碑的一面，其另一面拟请毛泽东主席题"人民英雄永垂不朽"八个大字。后来，彭真又说周恩来总理写得一手好字，建议"碑文"请周恩来总理手书。

此后，即由都市计划委员会参照已经收到的各种方案草拟"碑型"的设计方案，但雕刻家仍保留意见，认为还是应该用雕像为主题。

在探索各种方案的过程中，彭真说中央首长看到颐和园"万寿山昆明湖"碑，说纪念碑就可以采取这样一种形式；还说北海白塔山脚下不是也有这样一座"琼岛春荫"碑吗？根据这一指示，都市计划委员会开始进行设计。

1951年夏，都市计划委员会设计组提出一个方案，其特点是将碑体置于一个下开3个门洞的大平台上。设计人员还提出碑的上端的几种不同的处理手法，并画出3种草图。

据高汉回忆，这个方案主要设计者是陈干，当时得到北京市领导的欣赏，展览时还专门做了一个大模型。

可这时，梁思成的一封信使这一切发生变化。

8月29日，梁思成致信彭真，认为这个方案是"万万做不得的"，因为"有极大重量的大碑，底下不是脚踏实地的基座，而是空虚的三个大洞，大大违反了结构常理。虽然在技术上并不是不能做，但视觉上太缺乏安定感，缺乏'永垂不朽'的品质，太不妥当了"。

梁思成具体指出，"现在的碑台像是天安门的小模型，天安门是在雄厚的横亘的台上横列着的，本身是玲珑的木构殿楼。所以英雄碑是石造的就必须用另一种完全不同的形体：矗立屻峙，雄朴坚实，根基稳固地立在地上。若把它浮放在有门洞的基台上，实在显得不稳定，不自然。也可说是很古怪的筑法"。"它的高台仅是天安门台座的具体而微，很不庄严。同时两个相似的高台，相对地削减了天安门台座的庄严印象"。

他还认为，这项设计在天安门广场内"塞入长宽 40 余米，高 6 米左右的大台子，就等于塞入了一座约略可容 1000 人的礼堂的体积，将使广场窒息，使人觉得大台子是被硬塞进这个空间的，有硬使广场透不出气的感觉。由天安门向南看去或由前门向北望来都会失掉现在辽阔雄宏之感"，"碑台四面空无阻碍，不惟可以绕行，而且我们所要的是人民大众在四周瞻仰。无端开三个洞窟，在实用上既无必需；在结构上又不合理；比例上台小洞大，'额头'极单薄，在视觉上使碑身漂浮不稳定，实在没有存在的理由"。

这封信对人民英雄纪念碑的设计产生重大影响。最后，三个门洞式的方案被否定，梁思成在信中随手画出的方案得以实施。

1951 年，林徽因担任人民英雄纪念碑建筑委员会委员，承担为碑座设计纹饰和花圈浮雕图案的任务。

林徽因生前没有看到纪念碑的落成，但她生命的最后几年一直与这项工作紧密相连。

她和梁思成一道，也曾为坚持民族形式问题做过一番艰苦的斗争，当时他们最担心的，是天安门前建筑群的和谐。1953 年 3 月她在给梁思成的信中写道：

> 我的工作现时限制在碑建会设计小组的问题上，有时是把几个有限的人力拉在一起组织一下，分配一下工作，做技术方面的讨论，如云纹，如碑的顶部；有时是讨论应如何集体向上级反映一些具体意见，做一两种重要建议。今天就是刚开了一次会，前天已开过一次，拟了一信稿呈郑主任和薛秘书长的，今天将所拟稿带来又修正了一次，今晚抄出大家签名明天发出，主要要求：立即通知施工组停扎钢筋；美工合组事虽定了尚未开始，所以趁此时再要求增加技术人员，加强设计实力，我们认为去掉大台对设计有利（原方案碑座为一高台，里面可容陈列室及附属设施——梁注），可能将塑型改善，而减掉复杂性质的陈列室和厕所设备等等，使碑的思想性明确单纯许多……

除了组织工作，林徽因又亲自为碑座和碑身设计了全套饰纹，特别是底座上的一系列花圈。为了这个设计，她曾对世界各地区、各时代的花草图案进行过反复对照、研究，对笔下的每一朵花、每一片叶，都描画过几十次、上百次。

在成百上千种图案中，徽因和思成最后选定了以橄榄枝为主体的花环图案，还有牡丹、荷花、菊花组成的花卉图案，用以象征革命烈士高贵、纯洁和坚韧的品格精神。

这些图案后来雕刻在人民英雄纪念碑的碑座上。那是一组华美而浑厚、轻盈而奔放的艺术音符，镌刻在巨大的碑座四侧，谱成了纪念人民英雄的雄浑乐章。

5. 保护北京城

1948年12月13日晚上，清华园北面彻夜响起枪炮声。 梁思成和林徽因当时还不知道，这炮击正在预告着包括他们自己在内的中国人民的生活即将掀开新的一页。

解放军包围北京近两个月，守军龟缩城内，清华园门口张贴了解放军四野十三兵团政治部的布告，要求全体军民对这座最高学府严加保护，不得入内骚扰。 同时，从北面开来的民工却源源经过清华校园，把云梯、杉槁等攻城器材往城郊方向运去。

一场攻坚战落在北京城头已难以避免。 忧心忡忡的梁思成每天站在门口往南眺望，谛听着远处隐隐的炮声，常常自言自语地说：这下子完了，全都要完了！ 他担心的不只是城里亲友和数十万百姓的安危，而且还有他和林徽因的第二生命——这整座珍贵的古城。 中国历史上哪里有那样的军队，打仗还惦记着保护文物古迹？

然而，他们没有想到，当时中国真还有一支这样的军队。 就在1948年底，几位解放军干部坐着吉普车来到梁家，向梁思成请教一旦被迫攻城时，哪些文物必须设法保护，要他们把城里最重要的文物古迹一一标在他们带来的军用地图上。

梁思成和林徽因激动不已。 这样的党、这样的军队，值得信赖，值得拥护！ 从这件事里，他们得出了这样一个朴素的结论。 直到他们各自生命结束，对此始终深信不疑。

梁思成和林徽因夫妇对于古城的保护不遗余力，新中国成立以后，他们主张保留北京古城整体风貌，反对拆毁老城墙、城楼、牌坊等珍贵文物。

1950年，对古建筑的大规模拆除开始在北京城蔓延。 梁思成因提倡以传统形式保护北京古城而多次遭到批判。林徽因抱病还四处奔走。

第一次是在1952年8月，北京市召集的各界人民代表会议上，议题是讨论拆除长安右门和长安左门。地点在中山公园的中山堂。会场上没有固定座位，运去大批软椅让代表队们坐，为了出入方便，留下了几条通道。林徽因代表梁思成发言，一上台，就以她雄辩的口才问各位代表：台下的椅子为什么要这样摆？还不是为了交通方便！如果说北京从明代遗留下来的城墙妨碍交通，多开几个城门不就解决了？

她的看法在代表中起了很大的煽动作用，当时天安门前东西两座"三座门"，即长安右门和长安左门，对来往车辆和行人实在太不方便，每年这两个地方都发生几起车与车相撞，或者车与人相撞的事故，市委市政府早已决心先把这两座"三座门"迁移，施工力量都准备好了，单等代表会议一举手通过，就立即动手。当时的市长彭真，考虑到这天会场上代表们的情绪太大，怕一时很难通过，便示意立即停止会议，召开代表中的党员开会，要求大家一定服从市委的决定，表决时都要举手同意。代表中的党员代表居多，再开会时，就顺利通过了。这样，一夜之间，两座"三座门"就从北京地面上消失了。

第二次是在北京的一次宴会上。时间是1953年夏天，同济大学教授陈从周先生，还有著名建筑学家刘敦桢先生。文化部副部长兼国家文物局局长郑振铎，在骑河楼欧美同学会设宴请客，梁、林二位来了，还有北京市副市长吴晗也来了。宴饮间主要谈的是文物保护工作。郑振铎说："推土机一开动，我们祖宗留下来的文化遗物，就此寿终正寝了。"林徽因的感情一下子冲动了，指着吴晗的鼻子谴责说："你们把真古董拆了，将来要懊悔的，即使把它恢复起来，充其量也只是假古董。"

因为她的肺病已到晚期，嗓音都失常了。然而从神情与气氛上看，真是句句中肯，声声深情。

第三次是1953年8月20日，地点在北京市政府第一会议室。来的都是中央和北京市文物部门的领导，以及这一方面的专家，还有一些社会知名人士。北京市副市长吴晗主持会议。梁思成和林徽因都在会上发了言。林徽因的发言很长，谈了几个问题，在谈到保护古文物与新的城市建设的关系时，是这样说的："这两个方面肯定是有矛盾的，首先考虑如何想办法'保'，想办法去解决矛盾，而不是首先考虑'拆'。中国建筑在科学和美学上的价值都不比欧美的建筑差。中国建筑最成功的是木构架，和最庄严美丽的各式各样的屋顶，比欧美建筑更具美学价值。把它们保护下来，将来有钱了好好修整一下，给全体市民、全国人民以及外国友人来参观欣赏，有多好。如果把它们拆了，一切都没有了。"

当时还有人说天坛面积太大了，主张只留下祈年殿和圜丘等部分就可以了，意思是把那些古柏全砍了，作为新建筑的用地。林徽因说："天坛如果没有了那些郁郁葱葱的古树，整个青葱肃穆的环境就没有了，天坛整个气氛也就破坏了。希望中央和市政府要认真考虑。"当时她说得很动感情，很激动。

就是在这个发言中，林徽因说"思成先生已发表了全部保存城墙和合理利用的建议"，这就是那个利用城墙做公园的建议。可见，这个建议是到了最后关头才提出来的，不是一开始提出来的。

历史证明，她说的都是对的。

6. 长安右门和长安左门

就在城墙存废的讨论余波未了之时，在天安门前，一场"遭遇战"开始了，这就是长安左门与长安右门的拆、留之争。

在开国大典的纪录片里，我们能看到在天安门东西两侧的这两幢明代建筑的身姿。它们与天安门城楼、中华门共同围合成了一个"T"字形宫廷广场。但是，这两个门被认为妨碍了交通和游行活动而需被拆除。

梁思成与林徽因想方设法阻止拆除行动。文化界仍流传着这样一个故事：林徽因说，如果要拆三座门，她就到那里上吊！

在梁思成眼里，长安左门与长安右门是北京旧城的精华——建筑中轴线不可或缺的部分，因为"从正阳门楼到中华门，由中华门到天安门，一起一伏，一伏而又起，这中间千步廊御路的长度，和天安门面前的宽度，是最大胆的空间处理，衬托着建筑重点的安排"。而在天安门前这"最大胆的空间处理"上，长安左门与长安右门起着关键作用。

如果长安街及天安门广场周围能够不作为行政中心所在地，人们考虑这两幢北京少有的明代建筑时，也许就会是另外一种结局。

1952年5月，北京市开始酝酿拆除牌楼，牌楼影响交通是导致交通事故的主要原因。

自北海大桥下桥向西正逢下坡道路，车速一般较高，经过通视条件稍好的金鳌牌楼后即面临原北京图书馆门前附近的"三座门"。它有3个门洞，开间不大，一般只能通过一部汽车，再向前又遇到向北的弯道，行车视线受到较大的障碍。当时一部汽车自东向西疾驶，但快要进三座门时，突然发现转弯过来的另一部汽车迎面驶来，这位司机看到迎面来的车里有苏联专家乘坐，在已无法采取任何措施躲避的情况下，这位司机出于对"老大哥"的尊重，毫不犹豫地把车撞在三座门的门垛上，专家的车有惊无险地顺利通过，这位司机却失去了年轻的生命。当时，这类事故已有多起，很显然，道路间建筑物与交通的矛盾已达到非常尖锐的地步，应该迅速合理地予以解决。

1953年5月，北京市的交通事故简报称："女三中门前发生交通事故4起，主要是因为帝王庙牌楼使交通受阻所致。牌楼的戗柱和夹杆石多次被撞，牌楼有危险。东交民巷西口路面坡度过陡，又有牌楼阻碍交通，亦属事故多发点。"

5月4日，中共北京市委就朝阳门、阜成门和东四、西四、帝王庙前牌楼影响交通的问题向中央请示：拟拆除朝阳门、阜成门城楼和瓮城，交通取直线通过；东四、西四、帝王庙牌楼一并拆除。9日，中共中央批准了这个方案。并指出进行此项工程时，必须进行一些必要的解释，以取得人民的拥护。

时任北京市副市长吴晗担起了解释拆除工作的任务。梁思成与吴晗发生了激烈的争论。梁思成认为，城门和牌楼、牌坊构成了北京城古老的街道的独特景观，城门是主要街道的对景，重重牌坊、牌楼把单调笔直的街道变成了有序的、丰富的空间，这与西方都市街道中雕塑、凯旋门和方尖碑等有着同样的效果，是街市中美丽的点缀与标志物，可以用建设交通环岛等方式合理规划，加以保留。

据吴良镛回忆，梁思成一次当着吴晗和市政府秘书长薛子正的面，对周恩来说："我对这两位领导有意见，他们不重视城楼的保护"。

当时在国务院工作的方骥回忆起梁思成与吴晗的一次冲突：

"梁先生为了旧都多保留一些有价值的牌坊、琉璃宫门等古建筑，在扩大的国务院办公会议上，和自称'改革派'的吴晗同志争得面红耳赤，有一次，吴晗竟站起来说：'您是老保守，将来北京城到处建起高楼大厦，您这些牌坊、宫门在高楼包围下岂不都成了鸡笼、鸟舍,有什么文物鉴赏价值可言!'气得梁先生当场痛哭失声。"

1953年的一个夏夜,林徽因与吴晗也发生了一次面对面的冲突。

那是文化部社会文化事业管理局局长郑振铎邀请文物界知名人士在欧美同学会聚餐。席间,郑振铎感慨道:"推土机一开动,我们祖宗留下来的文化遗物,就此寿终正寝了。"

林徽因则指着吴晗的鼻子,大声谴责。陈从周回忆道,虽然那时林徽因肺病已重,喉音失嗓,"然而在她的神情与气氛中,真是句句是深情。"

梁思成致信中央领导,认为以"纯交通观点"来决定牌楼存废是片面的,应该从城市整体规划的角度来考虑文物保护以及避免车祸的办法,例如可建设交通环岛,将牌楼保留为街心景观等。另外,不同情况区别对待,如历代帝王庙前的一对牌楼"所在的一段大街,既不拐弯也不抹角,中间一间净宽6.20米,足够两辆大卡车相对以市区内一般的每小时20千米的速度通过,不必互相躲闪,绝对不需要减低速度;若在路面中线上画一条白线,则更保绝对安全。两旁的两间各净宽5.15米,给慢行车通过是没有问题的"。

"我们绝没有丝毫的'思古幽情',我们是尊敬古代劳动人民卓越的创造,要我们的首都每一条街道更能够生气勃勃地代表新民主主义、社会主义时代的伟大面貌。片面强调'交通',借口'发展'来拆除文物,确有加以考虑的必要。"他建议对古建筑进行调查,立法分级保护,"把文物组织到新的规划中,而不应用片面的理由或个人的爱恶轻率地决定文化遗产的命运"。

1953年7月4日,关于交民巷和帝王庙牌楼拆除问题座谈会上同意拆除交民巷的两座牌楼。 关于帝王庙牌楼，文物部门的意见是最好能够保留，或易地重建。

8月20日，吴晗主持会议，讨论北京文物建筑保护问题。

林徽因提出，"保护文物和新建筑是统一的。 保护旧的是为新建筑保存优良的传统"，"北京的九个城门是对称的，如一旦破坏，便不是本来的基础了。 再如天坛只保存祈年殿其他都拆掉也不是保存文物的办法"。 她认为民居建筑的保存也是重要的方面："艺术从来有两个传统，一个是宫殿艺术，一个是民间艺术，后者包括一些住宅和店面，有些手法非常好，如何保存这些是非常重要的。"

梁思成在发言中指出，"北京市的发展是要在历史形成的基础上发展，一定要保存历史形成的美丽城市的风格。 有些单位（如公安、交通、经济部门）考虑得片面"，"在保护古文物建筑工作上，首都应起示范作用，慎重是必要的"。 他搬出了苏联经验，提出"在莫斯科建设中，古建筑在原则上尽量保存下来"。 他还以"土地私有"讥讽破坏文物建筑的行径："北京各机关好像有'土地私有'的观念，在他们自己的范围内爱拆爱建，一点不考虑整体。"最后，对牌楼做出了保、迁、拆三种处理方式，即在公园、坛庙之内的可以保下来；大街上的除了成贤街和国子监的4座外，全部迁移或拆除。

不幸的是，后来吴晗与郑振铎组织的这次对牌楼调查测绘的所有资料，全部遗失。 被迁至陶然亭公园的东、西长安街牌楼，也大约在1971年9月，被下令拆除。

7. 北京的规划

梁从诫说："现在，当我每天早上夹在车和人的洪流中，急着要从阻塞的大街上挤一条路赶去上班的时候，常常不由得回想起五十年代初期，母亲和父亲一道，为了保存古城北京的原貌，为了建设一个他们理想中的现代化的首都而进行的那一场徒劳的斗争。他们在美国留学的时代，城市规划在资本主义世界还是一种难以实现的理想。他们曾经看到，在私有制度之下，所谓城市规划，最后只能屈从于房地产资本家的意志，建筑师们科学的见解、美妙的构思，最后都湮没在现代都市千奇百怪、杂乱无章的建筑物之中。因此，当新中国成立初期，他们参加了为北京市做远景规划的工作时，心情是极为兴奋的。"

梁从诫又总结道，对于北京的规划，林徽因和梁思成的基本观点是：

第一，北京是一座有着八百多年历史，而近五百年来其原貌基本保存完好的文化古城，这在全世界也是绝无仅有的。北京的原貌本身就是历代劳动人民留给我们的无价珍宝。而它又是一座活的城市，现代人仍然生活于其中，仍在使用和发展着它，但现代人只负有维护古都原貌，使之传诸久远的义务，而没有"除旧布新"，为了眼前的方便而使珍贵古迹易容湮灭的权利。

第二，原北京城的整个布局，是作为封建帝都，为满足当时那样的需要而安排的，它当然不能满足一个现代国家首都在功能上的要求。而如果只着眼于对旧城的改建，也难以成功。他们根据国外许多历史名城被毁的教训，预见到如果对北京城"就地改造"，把大量现代高层建筑硬塞进这古城的框框，勉强使它适应现代首都的需要，结果一定是两败俱伤：现代需要既不能充分满足，古城也将面目全非，弄得不伦不类，其弊端不胜枚举。然而，这些意见却遭到了来自上面的批驳。于是，他们只好眼睁睁地看着北京城一步步地重蹈国外那些古城的命运。那些"妨碍"着现代化建设的古老建筑物，一座座被铲除了，一处处富有民族特色的优美的王府和充满北京风味的四合院被拆平了，而一幢幢现代建筑，又中心开花地在古城中冒了出来。 继金水桥前三座门、正阳门牌楼、东西四牌楼、北海金鳌玉㦈等等被拆除之后，推土机又兵临城下，五百年古城墙，包括那被多少诗人画家看作北京象征的角楼和城门，全被判了极刑。

林徽因几乎急疯了。 她到处大声疾呼、苦苦哀求，甚至到了声泪俱下的程度。 她和梁思成深知，这城墙一旦被毁，就永远不能恢复，于是再三恳请下命令的人高抬贵手，刀下留城，从长计议。

林徽因和梁思成又提出了修建"城上公园"、多开城门的设想，建议在环城近四十公里的宽阔城墙上面种花植草，放置凉棚长椅，利用城门楼开办展览厅、阅览室、冷饮店，为市区居民开辟一个文化休息的好去处，变废为利。

然而，据理的争辩也罢，激烈的抗议也罢，苦苦的哀求也罢，统统无济于事。 林徽因曾在绝望中问道："为什么经历了几百年沧桑，新中国成立前夕还能从炮口下抢救出来的稀世古城，在新中国的和平建设中反而要被毁弃呢？ 为什么我们在博物馆的玻璃橱里那么精心地保存起几块出土的残砖碎瓦，同时却又要亲手去把保存完好的世界唯一的这处雄伟古建筑拆得片瓦不留呢？"

第九章

生如夏花

做女人当如林徽因

人生，就是一趟长途旅行。谁不是怀着朦胧的期待和莫名的激动踏上旅程的？

我们从记事起就已经身在这趟名为"人生"的列车上了。一开始，我们并不关心它开往何处。孩子们不需要为人生安上一个目的，他们趴在车窗边，小脸蛋紧贴玻璃，窗外掠过的田野、树木、房屋、人畜无不可观，无不使他们感到新奇。

不知从何时起，车窗外的景物不再那样令我们陶醉了。这时我们告别童年，我们长大成人了。我们开始需要一个目的，而且往往也就有了一个也许清晰但多半模糊的目的。我们相信列车将把我们带往一个美妙的地方，那里的景物远比沿途优美。我们在心里悄悄给那地方冠以美好的名称，名之为"幸福""成功""善""真理"等。

1. 唯有优雅，才能超越时光

每个时代美女的标准皆不同，什么样的女人才能称得上是美女呢？林徽因是民国时期公认的美女，姣好的面貌、良好的修养、得体的举止以及渊博的知识，甚至有"民国第一美女"之称。

林徽因的美更在于脱俗，因为自小受了良好的教育，只有加上了世代的书香，如花容颜才一变而为绝代的风华。

金岳霖曾题"梁上君子、林下美人"的对联赠予梁思成、林徽因夫妇。

在同代人的记忆中，林徽因的美有如传奇。不少曾经见过林徽因的人，都被她的美貌而倾倒。她注定是讨男子喜欢，徐志摩爱她，梁思成爱她，金岳霖也爱她。她亦注定是会遭人嫉妒的，尤其是女人。

顾毓琇在《一个家庭两个世界》提到："中国留学生中不乏爱慕、追求林徽因者，都是门第不凡、本人优秀的俊彦。但她没有丝毫旁骛之心，仍旧情感独钟于梁思成。思成能赢得她的芳心，连我们这些同学都为之自豪，要知道她的慕求者之多有如过江之鲫，竞争可谓激烈异常。"

美丽是贬值资产，特别对一个女人来说，林徽因的一生，也无可避免地是一个美丽消退的过程，她后半生一直在得病，肉体的损毁，使得她青年时代那种圆润完整的美丽，很快消逝。看林徽因的相片，各个时期的样貌差别很大，前期灵俏，中期端丽，晚期清癯，但无一例外都有股精气神在。林徽因自有一种强大的气场，优雅的态度。

大约被同为女子的人说漂亮才是令人真正得意的漂亮。

与林徽因一起长大的堂姐堂妹，几乎都能细致入微地描绘她当年的衣着打扮、举止言谈是如何的令她们倾倒。林徽因的表姐王稚姚1901年生，长林徽因3岁，从童稚暑期在杭州、上海，青少年暑期在北京，都和林徽因共同生活。她回忆说林徽因的大眼睛像祖父、美貌像祖母。祖母也是福州人，眉毛细而弯，非常漂亮，所以祖母十分溺爱她。表姐还说自己的母亲林泽民是林徽因的大姑母，在杭州时期当林徽因的启蒙老师，爱她胜过其生母，因为她又聪慧又美丽，十分可爱。

一个美国女孩说林徽因是"一位高雅的、可爱的姑娘，像一件精美的瓷器"。

作家陈衡哲之妹陈衡粹提起初次见到林徽因时的情景，那是1930年的春夏之交，香山上的"惊鸿一瞥"："有一天同一位朋友上山游览，半山上一顶山轿下来，我看见轿子里坐着一位年轻女士。她的容貌之美，是生平没有见过的。想再看一眼，轿子很快下去了。我心中出现'惊艳'两字。身旁的人告诉我，她是林徽因。用什么现成话赞美她？'闭月羞花''沉鱼落雁'等都套不上，她不但天生丽质，而且从容貌和眼神里透出她内心深处骨头缝里的文采和书香气息。"

郭心晖女士中学时代听过林徽因课程。"1932年或1933年，林徽因到贝满女中为我们讲演'中国建筑的美'。她穿的衣服不太多，也不少。该是春天或秋天，当时这类活动一般都排在上午，在大礼堂。我们是教会学校，穿着朴素，像修女似的。见到林徽因服饰时髦漂亮，相貌又极美，真像是从天而降的仙女。林徽因身材不高，娇小玲珑，是我平生见的最美的女子。她讲话虽不幽默，却吸引人。当时我们似乎都忘了听讲，只顾看她人。"

1935年，林徽因曾在国立北京大学女子文理学院外语系教《英国文学》课。云南大学中文系女教授全震寰也听过林徽因课程，也有回忆："林徽因每周来校上课两次，用英语讲授英国文学。她的英语流利，清脆悦耳，课程亲切，活跃，谈笑风生，毫无架子，同学们极喜欢她。每次她一到校，学校立即轰动起来。她身着西服，脚穿咖啡色高跟鞋，摩登，漂亮，而又朴素高雅。女校竟如此轰动，有人开玩笑说，如果是男校，就听不成课了。"

文洁若说："林徽因是我生平见过的最令人神往的东方美人。

她的美在于神韵——天生丽质和超人的才智与后天良好高深的教育相得益彰。"

在众多的赞誉中,徐志摩的原配夫人张幼仪对林徽因的评价道出了她之所以为人所赞赏的真正原因:"徐志摩的女朋友是另一位思想更复杂、长相更漂亮,双脚完全自由的女士。"

冰心曾和林徽因、凌叔华、韩湘眉并称文界"四大美人",冰心与林徽因有过芥蒂,却坚持说:"她很美丽,很有才气。"冰心也承认:"林徽因俏,陆小曼不俏。"

与林徽因芥蒂更深的凌叔华,晚年这么说到林徽因:"可惜因为人长得漂亮又能说话,被男朋友们给宠得很难再进步。"

容貌之美并不足以长驻,林徽因的美丽,是"天生丽质和超人的才智,与后天良好高深的教育相得益彰"。正因为如此,当青春逝去,人也老去,人们眼中的林徽因依然充满了美感。

1948年清华学生剧团在大礼堂用英语出演《守望莱茵河》时,文洁若见到了已经44岁的林徽因。让我们跟随文洁若的文字,还原当时的情景:

"一会儿,林徽因出现了,坐在头排中间,和她一道进来的还有梁思成和金岳霖。开演前,梁从诫过来了,为了避免挡住后面观众的视线,他单膝跪在妈妈面前,低声和妈妈说话。林徽因伸出一只纤柔的手,亲热地抚摸着爱子的头。林徽因的一举一动都充满了美感。"

当时林徽因已生了两个孩子,且重病在身。是怎样的一种美丽,竟然让身为同性的人都那样念念不忘?

文洁若惊诧不已:"按说经过八年抗日期间岁月的磨难,她的健康已受严重损害,但她那俊秀端丽的面容,姣好苗条的身材,尤其是那双深邃明亮的大眼睛,依然充满了美感。至今我还是认为,林徽因是我生平见过的最令人神往的东方美人。"

作家赵清阁见到的林徽因是这样的:"林女士已经45岁了,却依然风韵秀丽。她身材窈窕,穿一件豆绿色的绸晨衣,衬托着苍白清癯的面色,更显出恹恹病容。她有一双充满智慧而妩媚的眼睛,她的气质才情外溢。我看着她心里暗暗赞叹,怪不得从前有过不少诗人名流为她倾倒!"

林洙也是一位大美人,她是梁思成的续弦。但林洙提起丈夫的前妻,同样是赞叹备至。

她回忆起初见林徽因时说:

"我承认一个人瘦到她那样很难说是美人,但是即使到现在我仍旧认为,她是我一生中所见到的最美、最有风度的女子。她的一举一动,一言一语都充满了美感,充满了生命,充满了热情,她是语言艺术的大师。我不能想象她那瘦小的身躯怎么能迸发出这么强的光和热。她的眼睛里又怎么能同时蕴藏着智慧、诙谐、调皮、关心、机智、热情的光泽。真的,怎么能包含这么多的内容。当你和她接触时,实体的林徽因便消失了,而感受到的则是她带给你的美,和强大的生命力。她是这么吸引我,我几乎像恋人似的对她着迷。"

美貌并不只是一瞬的永远,林徽因的优雅与美貌,经得住岁月的推敲。

2. 万古长青四月天

雨果曾说："人，都是迟早要被执行的死缓囚犯。"

1955 年 4 月 1 日清晨，林徽因离开了这个山雨欲来的世界，与世长辞，年仅 51 岁。她走不到人生的晚年，也远离了那些尘世的痛苦。

雪莱的散文中有这样一个小故事：我们看到一位双目失明的老人在他女儿搀扶下走进古罗马柯利修姆竞技场的遗址。他们在一根倒卧的圆柱上坐定，老人听女儿讲述眼前的壮观，而后怀着深情对女儿谈到了爱、神秘和死亡。他听见女儿为死亡啜泣，便语重心长地说："没有时间、空间、年龄、预见可以使我们免于一死。让我们不去想死亡，或者只把它当作一件平凡的事来想吧。"

如果能够不去想死亡，或者只把它当作人生司空见惯的许多平凡事中的一件来想，倒不失为一种准幸福境界。

林徽因这样的女子，既耐得住学术的清冷和寂寞，又受得了生活的艰辛和贫困。沙龙上作为中心人物被爱慕者如众星捧月般包围的是她，穷乡僻壤、荒寺古庙中不顾重病、不惮艰辛与梁思成考察古建筑的也是她；早年以名门出身经历繁华，被众人称羡的是她；战争期间繁华落尽困居李庄，亲自提着瓶子上街头打油买醋的还是她；青年时旅英留美，深得东西方艺术真谛，英文好得令费慰梅赞叹的是她；中年时一贫如洗、疾病缠身仍执意要留在祖国的又是她。

3. 再见是永远

今日天各一方难见面，是以孤舟沉寂，晚景凉天。此去经年，应是良辰好景虚设。便纵有千种风情，更与何人说。

林徽因在东北大学工作的时候，严酷的气候损害了她的健康。她那原本有些孱弱的身体受到损伤，导致肺病复发，不得不返回北京去香山长期疗养。自此之后，这个被时人视为像癌症一样不可治愈的肺病，一直与她形影相随、纠缠不休。

抗战的时候，林徽因到李庄后，由于环境和气候的变化，特别是如德国人王安娜博士曾说过的重庆一带的环境一样，由于川南一带含硫量很高的煤块烧出来的煤烟混在一起成了烟雾，而这些弥漫着硫黄味的浓烟整日徘徊于李庄及周边地区上空不散。

1953年完成了景泰蓝抢救工作后，林徽因的身体又一次垮下来，她生命的能量仿佛彻底耗尽了。1954年秋，林徽因实在无法抵御郊外的风寒，由清华园搬到城里居住。她先住在陈占祥家，不久因病情恶化住进同仁医院。每天都在床上艰难地咳着、喘着，常常整夜地不能入睡。但她的眼睛虽仍然那样深邃，但眼窝却深深地陷了下去，全身瘦得叫人害怕，脸上见不到一点血色。

1955年初，梁思成也因肺结核住进了同仁医院，病房就在林徽因的隔壁。梁思成病势稍有好转后，每天都到林徽因房中陪伴她，但她衰弱得已难于讲话。

梁再冰回忆说："当父亲被扶到病房时，从来不流泪的他哭得不能自已，坐在妈妈的床边只是重复着'受罪呀，受罪呀，徽，你真受罪呀'，听着真令人肝肠寸断。"

林徽因的病危通知已经发出。几天来，她一直高烧不退，已进入弥留状态，肺部开始大面积感染。医院领导立刻成立抢救小组，组织医院最精湛的力量，想尽一切办法进行治疗。

3月31日深夜，林徽因忽然用微弱的声音对护士说，她要见一见梁思成。护士回答："夜深了，有话明天再谈吧。"然而，她已经没有力气等待了。

4月1日晨6时20分,林徽因悄然地离开了人间,走完了她51岁生命的里程。那最后的几句话,竟没有机会说出。

多年后忆及林徽因饱受病痛折磨的半生和她的英年早逝,梁思成依然心痛难忍。这时美国的一些大学和博物馆写信来邀请梁思成到美国去访问讲学。费正清夫妇和一些美国朋友,知道他们的情况后也力劝他们到美国去工作并治病。梁思成复信说:"我的祖国正在灾难中,我不能离开她;假使我必须死在刺刀或炸弹下,我要死在祖国的土地上。"

后来,梁思成曾对林洙说:"我当然知道这个决定所付出的代价,我不能不感谢徽因,她以伟大的自我牺牲来支持我。不!她并不是支持我,我认为这也是她的选择。如果说我从李白、杜甫、岳飞、文天祥这些伟大的民族英雄那里继承了爱国主义思想,而徽因则除此之外,比我更多地从拜伦、卢梭等伟大的诗人、哲学家那里学习了反侵略、反压迫的精神。她对祖国的爱,是怀着诗人般的浪漫主义色彩的。后来有朋友责备我,说我的选择使得徽因过早去世了。我无言以答。但我们都没有后悔,那个时候我们急急忙忙地向前走,很少回顾。今天我仍然没有后悔,只是有时想起徽因所受的折磨,心痛得难受。"

在梁思成心目中,林徽因才是真正的女神,和他一起走过30年的风雨人生,悲喜交加:意气风发的校园求学,甜蜜无限的欧洲蜜月,梁家客厅的高谈阔论,发现佛光寺的人生高峰,战乱流亡的艰难岁月,贫病交困的惨淡光阴,新中国建设的忘我投入,保护北京古城的竭尽全力——所有这一切,他们都并肩在一起。

失去林徽因的梁思成,犹如"跛足夜行",一下子失去精神上的依赖、思想上的支持、行动上的陪伴,1955年之后,梁在学术上基本没成就了。加上大环境的恶化、人生际遇的无常,梁思成最后几年的遭遇,终究是让人一声叹息。

4. 一身诗意千寻瀑

对于知识分子来说,往往生活上的艰苦不是最可怕的,最难以忍受的是人格的侮辱与恶意的嘲弄。

林徽因51岁离开这个世界,是命运女神对她的眷顾和厚爱吗?

梁从诫说:"早逝竟成了她的一种幸福。对于她这样一个历来处世真诚不欺,执着于自己信念的人,如果也要去体验一下父亲在后来的十几年中所经历过的一切,那将会是一种什么局面,我简直不敢想象。"

她在自己的生命过程中释放了全部的爱与热情。她的生命中有病痛,但没有阴暗;有贫困,但没有卑微;有悲怆,但没有鄙俗。

她走了,她的生命定格于美好的人间四月天。

以前建筑学关注的是宫殿、神庙、大型公共建筑等高高在上的建筑。林徽因在国内率先强调了民居建筑这一建筑形式的重要性。这一洞见当时在世界上也是领先的。

——中国文物学会会长罗哲文

一位了不起的中华第一女建筑师,才华横溢的学者,她在文学艺术方面有如此的造诣,她在建筑方面和梁先生并驾齐驱,共同做出卓越的贡献。

——建筑学泰斗、两院院士吴良镛

林徽因首次在理论上定义了中国建筑的木框架结构体系

的基本特征。

其实仅仅凭这一点,我们足以将林徽因定为中国建筑历史与理论的奠基者与先驱者。她在理论上的作用完全不应低于任何一位与她同时期的建筑学者,她是一位真正意义上的先行者和思想者。

——南京大学建筑学院副院长 赵辰

甘于忍受当时积极恶劣的道路和交通条件,从1930年到1945年,梁思成林徽因夫妇二人共同走了中国的15个省,200多个县,考察测绘了200多处古建筑物。问问现在建筑系的学生,在如今有现代测量工具的条件下,野外测量都是一件很苦逼和危险的事情,何况当时只有皮尺的年代。可林徽因,这位往来无白丁的女公子,司法部长的女儿,梁启超的儿媳,却十几年如一日,和同事们一起工作,很多古建筑就是通过他们的考察得到了世界、全国的认识,从此加以保护。比如像河北赵州石桥、山西的应县木塔、五台山佛光寺等。

——中国景泰蓝工艺美术大师 钱美华

4月2日,《人民日报》《北京日报》同时刊登讣告。北京市市长彭真送花圈。治丧委员会由张奚若、周培源、钱端升、薛子正、柴泽民、陈岱孙、崔月犁、金岳霖、杨廷宝、赵深、吴良镛、陈占祥、钱伟长等13人组成。

我们可以从治丧委员会的成员看出,大致分为三类人,一是生前挚友,如金岳霖、张奚若、周培源、钱端升等人;二是建筑界人士,如杨廷宝、赵深、吴良镛、陈占祥等人;最后就是北京市相关领导，如薛子正等人。

众多的花圈和挽联上，有她几十年的挚友——金岳霖和另一位哲学教授联名写的挽联异常醒目："一身诗意千寻瀑，万古人间四月天。"

林徽因的追悼会在金鱼胡同贤良寺举行。

贤良寺原是康熙十三子允祥的王府，允祥死后舍宅为寺，被雍正皇帝钦赐为"贤良寺"，以后成为清代外省朝廷重臣进京述职居住之地，像清末著名大臣李鸿章就多次住在这里，并于此寺死去。解放初期，梁思成、郑振铎、吴良镛等人还专门去过这个著名的古寺，并作为古建保护了下来。

因为处于非常时期，林徽因的追思会还是很有节制的，规格高而规模并不大。除了治丧委员会的成员外，还有一些家属、医护人员和建筑系的师生，悼词是钱端升教授作的，他用悲怆的语调歌颂了林徽因毕生献给中国建筑学术事业，因病影响了她的工作，但是她从未停止过追求，直到生命最后一息。

在那种悲痛的气氛中，梁再冰代表逝者家属发言，感谢北京市委的照顾，也向同仁医院的大夫护士们致谢，感谢他们为挽救她母亲的生命做出的最大努力。梁再冰说着说着就泣不成声了，同仁医院护士以及建筑系的年轻教师们，无不跟着落泪，现场响起一片哭声。

林徽因的遗体被安葬在八宝山革命公墓。

一代才女

汪曾祺曾称赞林徽因:"她是学建筑的,但是对文学的趣味极高,精于鉴赏,所写的诗和小说如《窗子以外》《九十九度中》,风格清冷,一时无二。"

1. 诗歌

当年徐志摩自海外归国,在北京发起了一个文学沙龙——新月社,常来石虎胡同七号参加聚餐会和新月俱乐部活动的人物有胡适、徐志摩、陈西滢、凌叔华、沈性仁、蹇季常、林徽因、林语堂、张歆海、饶梦侃、余上沅、丁西林等大学教授和作家文人,也有黄子美、徐申如等企业界、金融界人士。还有梁启超、林长民、丁文江、张君劢等社会、政界名流,可谓一时俊彦,大有"谈笑有鸿儒,往来无白丁"之声势。据当时参与者回忆,这些出身背景兴趣和职业不尽相同的人物,所谈话题从政治、经济、文化、教育到文学,驳杂多样,所关心的问题也不尽一致,虽然来俱乐部"社交"的目的是一样的。

诗的本质是对人性的表达,所以它历久弥新,亘古难变。

林徽因生前没有出版过诗集,"早在 1937 年 3 月,冯至、卞之琳、梁宗岱等主编的《新诗》月刊第 6 期上已预告即将出版林徽因诗集的消息。随着战火的蔓延，诗集也就灰飞烟灭了。"

1923年，徐志摩、胡适等人在北京成立新月社。这是一个积极提倡白话文运动的年轻作家社团，目的在创作一种以白话文写成的诗，而且是依照现代西方文学而非传统中国文学的标准来写。林徽因常常参加新月社举办的文艺活动。

这个文学社团的主要成员有徐志摩、梁实秋、闻一多等。1925年由徐志摩编辑《晨报副刊》，增辟《诗镌》《剧刊》，提倡现代格律诗和国剧运动。1927年春在上海创办新月书店，出版《现代文化丛书》及文艺书籍。1928年3月出版《新月》月刊，由徐志摩、梁实秋、罗隆基等先后编辑，前期偏重于发表新诗，讲究格律，形成一种文学流派，被称为"新月派"；1933年6月出至第四卷第七期停刊。在政治思想上，既反对国民党的专制主义，也反对共产主义，提倡自由思想和民主政治。新月社虽然不是纯文艺的团体，其主要活动和影响却在文艺方面。在文艺思想和文艺运动中，新月社有一个逐渐右转乃至与进步文艺阵营相对抗的过程，因此曾受到以鲁迅为代表的进步文艺阵营的批评。

后期新月派是以1928年创刊的《新月》月刊新诗栏及1930年创刊的《诗刊》季刊为主要阵地；其基本成员除前期新月派的徐志摩、饶孟侃、林徽因等老诗人外，主要有陈梦家、方玮德等南京中央大学学生为基干的南京青年诗人群。

先是闻一多在《新月》上发表了作品，以后又连续发表了徐志摩、梁宗岱的讨论文章及陈梦家、卞之琳、林徽因、方玮德的试验作品。

而林徽因的诗歌创作开始于1931年春天，移居北京西郊香山疗养的那段时光。4月，她的第一首诗《谁爱这不息的变幻》以"徽音"为笔名，发表于《诗刊》第二期上。紧接着她又先后在《诗刊》《新月》《北斗》《大公报》等刊物上发表了几十篇作品。这些作品中大部分是诗歌，也有散文、小说、戏剧和文学评论。

此前她只在1924年《晨报副镌》发表过一篇王尔德童话《夜莺与玫瑰》的译文。

林徽因最初发表的作品，除署过笔名"尺棰"外，均用本名林徽因。《诗刊》杂志刊登林徽因诗作时，署名曾误写林薇音、林微音，读者容易将她和当时活跃的海派作家林微音相混。编者为此专门声明更正，但混淆仍旧不断。林徽因说，不怕我的作品误会成他的，只怕误会他的作品是我的。她担心这样一直误会下去，于是署名改作林徽因，日后也就以徽因名字通行于世。

林徽因曾以《新月》为发表诗作园地，也与徐志摩多有交流切磋，她的作品入选《新月诗选》。有人将林徽因称为"新月诗人"。梁从诫说："从她早期作品的风格和文笔中，可以看到徐志摩的某种影响，直到晚年，这种影响也还依稀有着痕迹。"但林徽因本人似乎对此定位并不满意。

林徽因的代表诗作有《你是人间的四月天》《谁爱这不息的变幻》等。

1932年8月4日，梁从诫出生。林徽因的这首经典诗作《你是人间的四月天》便是在儿子出生不久之后写给儿子的。

最吸引读者的往往是那些歌咏爱情的诗篇。有个青年读罢《那一晚》这首诗作热泪盈眶，特意买了一册关于林徽因的著作送给他爱恋的女友。

梁从诫谈到林徽因诗的韵律性的时候说："特别是在她自己朗读的时候，常常像是一首首隐去了曲谱的动听的歌。"

2. 散文

林徽因的散文总共不过六七篇。大约包括《悼志摩》《蛛丝和梅花》《窗子以外》《山西通信》《唯其是脆嫩》《究竟怎么一回事》《纪念志摩去世四周年》等。

虽然正式的散文作品极少，但她的文学素养和艺术气质无可避免地渗透到她的建筑学术文章当中。林徽因总是将建筑学家科学、严谨的精神和作家的浪漫、唯美的气质结合得恰到好处、浑然天成。她的学术论文和调查报告，不仅有周严的科学内容，而且用诗一般的语言来描绘中国古建筑在艺术方面的高超成就。

她提出一个建筑学概念"建筑意"（见《平郊建筑杂录》），将建筑学研究注入了人文的色彩。这属于林徽因在建筑学方面独特的重要的建树。中国古代先贤与欧洲文艺复兴时期的巨人，大多能驰骋于艺术与科学两个领域，甚至在某一成果中同时放射两大领域的光辉，林徽因秉承的正是他们的遗风。

林徽因以诗人的眼睛发现，坚硬冰冷的建筑物中蕴涵着"诗意"和"画意"。她说："无论哪一个巍峨的古城楼，或一角倾颓的殿基的灵魂里，无形中都在诉说，乃至于歌唱，时间上漫不可信的变迁；由温雅的儿女佳话，到流血成河的杀戮。"

梁思成起草的文稿，非得经过夫人修改润色才肯发表。他的文章里那些闪光的句子很多是林徽因的点睛手笔。同行们不无夸张地说，林徽因去世后，梁思成再也没能写出先前那样精彩漂亮的文章。

林徽因的文学才华，使她有能力将容易枯燥乏味的建筑论文变得灵气生动，富有文采，有些篇章是可以当作散文来阅读的。比如《晋汾古建筑预查纪略》的开头：

去夏乘暑假之便，作晋汾之游。汾阳城外峪道河，为山右绝好消夏的去处；地据北彪山麓，因神头有"马跑神泉"，自从宋太宗的骏骑蹄下踢出甘泉，救了干渴的三军，这泉水便没有停流过。千年来说沿溪数十家磨坊供给原动力,直至电气磨机在平遥创立了山西面粉业的中心,这源源清流始闲散的单剩曲折的画意,辘辘轮声既然消寂下来,而空静的磨坊,便也成了许多洋人避暑的别墅。

说起来中国人避暑的地方,哪一处不是洋人开的天地,北戴河,牯岭,莫干山……所以峪道河也不是例外。其实去年在峪道河避暑的,除去一位娶英籍太太的教授和我们外,全体都是山西内地传教的洋人,还不能说是中国人避暑的地方呢。在那短短的十几天,令人大有"人何寥落"之感。

3. 小说

林徽因一生只留下 6 篇短篇小说,《窘》《九十九度中》《模影零篇》(包括《钟绿》《吉公》《文珍》《绣绣》),是京派小说不可忽略的组成部分。

林徽因、朱光潜组织的两个京派文学沙龙,把北大、清华、燕京几个大学的作者松散地组合起来,几代的京派文人活跃在《现代评论》《水星》《骆驼草》《大公报文艺副刊》《文艺杂志》这些重要的北方文学报刊上,于是,京派虽无明确发表宣言或结社,却实实在在地成为有别于左翼,又与海派对峙的一个鲜明的小说流派。

京派文学作家们,主要以接手的《大公报·文艺副刊》和先后出刊的杂志《学文》《水星》《文学杂志》为创作园地。聚集了包括周作人、沈从文、废名、凌淑华、朱光潜、萧乾、李健吾、卞之琳、何其芳和林徽因等诸多作家。

萧乾先生后来这样说林徽因之于京派文学的地位:"她又写,又编,又评,又鼓励大家。我甚至觉得她是京派的灵魂。"

京派小说统一的审美感情是诚实、从容、宽厚的。林徽因在《大公报文艺丛刊小说选》的《题记》中，归纳这一派别的创作特征，认为他们"趋向农村或少受教育分子或劳力者的生活描写"，而"诚实的重要还在题材的新鲜，结构的完整，文字的流丽之上"，这种态度使他们善于发掘普通人生命的庄重和坚忍，特别能写出女性包括少女的纯良。在新旧变革的潮流里，由追寻逝去的美，而表现出一种积极的怀旧气息。文化的保守主义使其避开当时激烈政治斗争和直接的文学功利目的，以间离现实斗争为代价，取得某种文化批评的自由立场。它是主张个人的，充分个性化的，不是感情的狂放宣泄，而是情绪的内敛，理性的节制。

《窘》是林徽因的第一篇小说，发表在1931年11月的《新月》第3卷第9期。故事写的是一段洛丽塔式的情感生发和延展。中年教授维杉爱上了朋友的女儿芝。因年龄悬殊和辈分差异，这份感情带给他巨大压力，令他极为窘迫。最终，维杉选择了逃避，离开了北京。

《九十九度中》为其小说代表作。小说将乱世里的日常生活切割再重组，破碎之中充满意趣。对于这篇小说，李健吾先生做出过极高的评价，他说："在我们过去短篇小说的创作中，尽有气质更伟大的，朴实更事实的，然而却只有这样一篇（指《九十九度中》），最富有现代性；唯其这里包含着一个个别的特殊的看法，把人生看作一根合抱不来的木料，《九十九度中》正是一个人生的横切面。在这样的一个北京，作者把一天的形形色色披露在我们的眼前，没有组织，却有组织；没有条理，却有条理；没有故事，却有故事，而且那样多的故事；没有技巧，却处处透露匠心。这是个人云亦云的通常的人生，一本原来的面目，在它全幅的活动之中，呈出一个复杂的机体。用她狡猾而犀利的笔锋，作者引着我们，跟随饭庄的挑担，走进一个平凡然而熙熙攘攘的世界：有失恋的，有做爱的，有庆寿的，有成亲的，有享福的，有热死的，有索债的，有无聊的……全那样亲切，却又那样平静，我简直要说透明。在这纷繁的头绪里，作者隐隐埋伏下一个比照，而这比照，不替作者宣传，却表示出她对人类的同情。一个女性的细密而蕴藉的情感，一切在这里轻轻地弹起共鸣，却又和水纹一样轻轻地滑开。"

4．戏剧

或许艺术是相通的。林徽因在戏剧方面颇有造诣。卞之琳说林徽因"酷爱戏剧"；费慰梅说"戏剧曾强烈地吸引过她"。林徽因热衷于戏剧，是包括传统戏曲和新剧在内的兼容并蓄式的爱好，她"疯狂地喜欢梅兰芳""为能把传统戏曲带进20世纪节奏的前景而喜欢"（费慰梅），但这并不妨碍她对新剧的爱好，后者在当时尚属新生，林徽因也算开风气的实验者。

梁从诫说："1927年，父亲获宾州大学建筑系硕士学立，母亲获美术学院学士学位。此后，他们曾一道在一位著名的美国建筑师的事务所里工作过一段。不久，父亲转入哈佛大学研究美术史。母亲则到耶鲁大学戏剧学院随贝克教授学舞台美术。据说，她是中国第一位在国外学习舞台美术的学生，可惜她后来只把这作为业余爱好，没有正式从事过舞台美术活动。母亲始终是一个戏剧爱好者。1924年，当印度著名诗翁泰戈尔应祖父和外祖父之邀到中国访问时，母亲就曾用英语串演过泰翁名作《齐德拉》；30年代，她也曾写过独幕和多幕话剧。"

如此看来，若不是林徽因专心于建筑，否则这个世界又多了一个戏剧家。下面看一下林徽因与戏剧的结缘之路：

1924年5月，泰戈尔诗剧《齐德拉》饰公主齐德拉。

1925年1月，参加在美"中华戏剧改进社"。

1927年9月，在耶鲁大学戏剧学院G. P. 帕克教授工作室学习半年，成为中国第一个在国外学习现代舞台美术的学生。她的天赋及美术和建筑的基础，使得她也得以在这个专业里出类拔萃。那时常有同学临到作业交卷时请她救急，其中一个后来成了百老汇著名的舞美设计师。

1931年8月，发表舞美探讨文《设计和幕后困难问题》。

1935年冬，曹禺戏剧《财狂》布景设计。

1937年1月，燕京剧社四幕话剧《梅真同他们》编剧。

林徽因的剧本创作仅有一个未完成的剧本残篇《梅真同他们》。

1937年，四幕剧《梅真同他们》发表于《文学杂志》，剧本描写一个大户人家的丫头梅真，在"五四"思想启蒙运动作用下的环境里，所经历的独特的人生际遇，以及由此带来的爱情悲剧，人生悲剧。

林徽因在《梅真同他们》中表现出的技巧的纯熟令人叹服，从情节对白，不难看出其中的精彩；口语化的白话文运用收放自如，人物对白个性鲜明、动人逼真、剧情紧凑干练、高潮迭起。林徽因自己在附致编者的信中说明了自己的创作宗旨与创作意图："我所见到的人生戏剧价值都是一些淡香清苦如茶的人生滋味，不过这些场合须有水一般的流动性……像梅真那样一个聪明的女孩子在李家算是一个丫头，她的环境极可怜难处。在两点钟的时间限制下，她的行动，对己对人的种种处置，便是我所要人注意的，这便是我的戏。"

《梅真同他们》原计划写四幕，实际上只写出三幕。抗战中断了林徽因的写作计划，不少热心的读者也曾追问林徽因：梅真后来怎样了？林徽因笑答：抗战去了。

在剧本创作尚不成熟的民国时期，林徽因的《梅真同他们》已算是极难得的作品，可谓"未完成的杰作"。

第十章

余音未了

用一生去回答

许多年前,他曾问她:"为什么选择我?"

她说:"我会用一生来回答。"

她先于他离开了这个世界。

1948年,一个文静的少女走进了梁家的客厅,她就是梁思成和林徽因的学生,日后成为梁思成第二任妻子的林洙。

林徽因1955年去世,梁思成与林洙相爱是在1959年之后,结婚是1962年,此时离林徽因去世已七年矣。 据林洙的回忆录说:"然而这一决定却给我招来了难以忍受的议论与指责,最令我难堪的莫过于来自思成弟妹与子女的不谅解。"

梁思成续了弦,不免让人唏嘘,也让有的人开始质疑梁思成和林徽因之间有无爱情。

有人说:"我不相信人一生只能爱一次,我也不相信人一生必须爱许多次。 次数不说明问题。 爱情的容量即一个人心灵的容量。 你是深谷,一次爱情就像一道江河,许多次爱情就像许多浪花;你是浅滩,一次爱情只是一条细流,许多次爱情也只是许多泡沫。"

梁思成是爱着林徽因的,这种爱一直都在,从未离开。

爱情是什么?

当你一个人走在一条很偏僻的黄昏路上,看见两个老人,老人没有手牵着手，也没有很亲热的样子，有时候甚至是一个走在前面，一个跟在身后一段距离，好像一点关系都没有。但这就是人世间最可爱最舒服最让人羡慕的样子。这时已经不是青春时期心动的爱情，而是人类所有最伟大的爱情的混合。

我们从一些小事中，来寻找梁思成对林徽因的爱意吧。

1947年，梁思成从美国回去时给林徽因买的都是些美国的电子小玩意，是用来安慰和丰富她的病床上的生活的。费慰梅在回忆录里记录林徽因描绘当时的情景说："在一个庄严的场合，梁先生当众向我展示了能自由折叠、组合和拆装的装置，我坐在床上倚着一个可以调整的靠垫，身前装着活动的读写架，录音机插在接好室内普通电源的变压器上，一手拿着放大镜，一手拿着扩音器，要做出一副无忧无虑的摩登时代的女郎模样，活像查理·卓别林使用一台灵巧的机器啃玉米棒子。"除了那些小玩意，还有一辆小汽车，有了它，"徽因可以以从前无法想象的轻松被载去访友或把朋友接来看她。"

后来她又补充描绘了那台录音机："是的，我们是听了录在盘里的问候词。但我必须说它们是乱了套的。思成的声音就像梅贻琦先生，慰梅的声音像费正清，而费正清的喉音近似于保罗·罗伯逊。毫不奇怪地，所有讲话中最好和最清楚的是阿林纳的。我为我的收藏中有了一位职业演员的'广播讲话'很自豪。直到现在，这台录音机还没有派上它原来设想的用场，只是让孩子们在有聚会时录点欢声笑语。我的感觉就像乾隆皇帝接受各种外国钟表时的那种情形。我敢说他一定让他的嫔妃们玩了好一阵子。"

以下是有关林、梁相处和徽因病情进展的片段：

问到她一天的生活，徽因说："我一起床就开始洒扫庭院和做苦工，然后是采购和做饭，然后是收拾和洗涮，然后就跟见了鬼一样，在困难的三餐中间根本没有时间感知任何事物，最后我浑身痛着呻吟着上床，我奇怪自己干吗还活着。 这就是一切。"

徽因仍然像过去一样，在她的身体的病痛和无休止的家务事之间挣扎，而且还有必要的第三点，就是她对写作和研究的浓厚兴趣。 这三件事同时争着要她注意。 关于她的健康，她给人写信说："使我烦心的是比以前有些恶化，尤其是膀胱部位的剧痛，可能已经很严重。"

经过埃娄塞尔博士的诊断，徽因的身体状况显然已不适于继续待在这潮湿、寒冷的环境之中。 她也不再美化她在陪都的暂住。 她把她的厌恶说得很明白："这可憎的重庆，这可怕的宿舍，还有这灰色的冬天光线。 这些真是不可忍受的。"

思成仲夏时节自美国返回时，虽然家事多有烦心，他的公事却是井井有条。 他回归的喜悦被徽因发低烧所冲淡，她的发烧使医生所建议的手术无限期地耽搁下来。

他们此前已经发现她的一个肾严重感染。 与此同时侵袭肺部的结核使她呼吸异常困难，以致使用麻醉品的问题提了出来。 然而如果肾脏手术真能施行，消除一个感染源或许碰巧能够在某种程度上改善她的健康状况。 思成又恢复了他作为她的护士、知心人和安慰者的角色，尽可能抽出时间来陪伴她。

吴荔明说："我看着梁先生亲自打开炉筒上方的炉门，一铲一铲地往里添着煤块。 那间卧室的取暖炉子很高，至少有一米二左右，梁伯伯看上去非常吃力。 我去问父亲，为什么不让阿旺娘帮忙？ 连我也可以帮忙的。 父亲轻声告诉我，梁伯伯说了，炉火是徽因妈妈的命，稍一着凉就有危险。 梁伯伯一直是亲自侍弄炉子，别人弄炉子他不放心。 这么多年了，都是他自己动手，时刻监视煤火的燃烧情况，绝不能让煤块烧乏了。"

林洙的文字对梁照顾林徽因描述得很仔细：

  他们的现实生活十分艰辛。新中国成立前,清华的教工宿舍还没有暖气,新林院的房子又高又大,冬天需要生三四个约有半人多高的大炉子才暖和。这些炉子很难伺候,煤质不好时更是易灭,对付这几个大炉子的添煤倒炉渣等活儿,简直需要一个强劳力才行。那时梁再冰和梁从诫都在城内就学,这个沉重的担子就落到了梁先生的肩上。室内温度的高低冷暖,直接关系到林徽因的健康,所以梁先生也不敢轻易把这个工作交给别人。他常带着笑说:"这是粗活。"是的,他还有更重要的"细活":每天定时为林先生注射各种药液,他学会了肌肉注射和静脉注射的技术;为病人配餐;为使林先生能坐得舒服些,给她安放各种大大小小的靠垫和垫圈;为林先生朗读各种读物,他是一个第一流的护士。除了这些事外,他更重要的任务是领导建筑系的工作和他自己的教学与学术研究。

  梁先生拿着注射器进卧室了。无论是静脉注射还是肌肉注射,梁先生都技艺精湛,水平与专业护士不相上下,那都是长年照顾妻子练就的本领。林徽因体弱,切除过一只肾脏,有时忽然无名火起,易躁易怒,情绪激动。但梁先生永远不愠不火,轻声细语,耐心安抚。为了怕主人误会,他和父母聊了很多关于中医的医理,说起阴虚阳亢患者常有的症状。他说,健康人往往不能体会病人的状况,我也是病人,对此有切肤之痛。物质决定精神,脏器的器质性病变,真的会改变人的脾气性格,那就是病,很难用理智控制的,不然病人和健康人就没区别了。梁先生在我家常谈起他对疾病的感受,仿佛多少难言之痛都被他对妻子博大深厚的爱意融化了。

梁先生对林徽因的爱才是无条件的，义无反顾的。母亲准备为客人炖她拿手的上海"腌笃鲜"。梁先生得知后，先向母亲鞠一躬，笑盈盈地做了一个很夸张的摘帽行礼动作："夫人，可容老夫进一言？"母亲忍俊不禁，微微屈膝还礼道："愿闻其详，请先生明示。"梁先生这才说："徽因肾功能差，她的进食有许多禁忌，冬笋竹笋即在其中，医生要她尽量勿食笋。"母亲说："这好办。冬笋是最后下锅的，下笋之前，先把肉汤盛一些出来就是了。"

吴良镛说："梁思成回到家里，当然触景生情，不久他以极不平静的心情，很平静地做了两件事，一是在他俩共同使用的小图板上严谨地画了林先生墓的设计图样，包括大样尺寸，一一注明，请莫宗江先生用营造学社特有的字体，勾画'建筑师林徽因之墓'几个字；并从人民英雄纪念碑工地取回一件林先生设计的试刻的纹样，放在她的墓前。梁先生做的第二件事就是把林先生的诗找出来，古代人有所谓诗囊，即兴而作，片纸只句纳入诗囊，定时整理成集。梁先生用他的工整楷体誊写，整个抄录了一遍，宣泄对林先生的思念。"

"妈妈去世后四个多月，在我生日那一天，我收到爹爹这样一封信：'宝宝，今天我这样称呼你，因为今天是一个特殊的日子，特别是今年，我没有忘记今天。二十六年前的今天二时一分，我初次认识了你，初次听见你的声音，虽然很久了，记忆还不太模糊。由医院回家后（爹爹指他自己出院后），在旧照片里我发现了一张你还是大约二十几天的时候，妈咪抱着你照的照片，背面还有她写的一首诗——滴溜溜圆的脸……'"

"'我记得去年今天,你打了一个电话回家,妈咪接的,当时她忘记了,后来她想起,心里懊悔,难过了半天。'我知道这是爹爹在极度思念妈妈时写的信。"(梁再冰《我的妈妈林徽因》)

1965年,梁作为中国建筑代表团团长,带团出访巴黎。他在日记里写,坐在巴黎街头的咖啡店,头晕鼻塞,涕泪横流。不想在巴黎久待,也不愿出去逛——那是他第二次到巴黎,第一次,是和林徽因的蜜月旅行。物是人非,伊人已逝。

林洙在《梁思成林徽因与我》中写道:

> 一天,我下班回来,发现一箱林先生生前与思成为人民英雄纪念碑设计的花圈纹饰草图,被扯得乱七八糟,还踏上许多脚印。我正准备整理,思成说算了吧!他让我把这些图抱到院子里去,点燃火柴默默地把它们烧了,最后一张他拿在手里凝视了良久,终于还是扔进了火堆。结婚几年,我没有见他哭过,但是这时,在火光中,我看到了他眼中盈盈的泪花。

梁思成对林徽因的妈妈一直很好。即使再婚也没改变,临终前,不忘对前岳母的安排。

友达以上，恋人未满

一直以来，徐志摩和林徽因之间的感情纠葛，是坊间津津乐道的话题。很多人认为他们之间有过爱情，但是从现存的林徽因和其后人的陈述中，徐志摩和林徽因之间只有友谊，没有爱情。

1000个读者心中有1000个哈姆雷特。斯人已故去，历史一旦过去，就很难还原。

梁家的观点整理如下：

梁再冰说："徐志摩去世时我年纪还小，但作为林徽因和梁思成的女儿，我很了解徐志摩同我父母之间关系的性质。徐志摩是我家两代人的朋友。他曾经追求过年轻时的母亲，但她对他的追求没有做出回应。他们之间只有友谊，没有爱情。徐志摩是在母亲随外祖父旅居伦敦时认识她的，那时她只有16岁，还是一个中学生。当时对她来说，已结婚成家的徐志摩只是一个兄长式的朋友，不是婚恋对象。破坏另外一个家庭而建立的婚姻是她感情上和心理上绝对无法接受的，因为她自己的母亲就是一个在没有爱情的婚姻中受到伤害的妇女。"

梁再冰还说："母亲在世时从不避讳徐志摩曾追求过她，但她也曾明确地告诉过我，她无法接受这种追求，因为她当时并没有对徐志摩产生爱情。她曾在一篇散文中披露过16岁时的心情：不是初恋，是未恋。当时她同徐志摩之间的接触也很有限，她只是在父亲的客厅中听过徐志摩谈论英国文学作品等,因而敬重他的学识,但这并不是爱情。 她曾说过,徐志摩当时并不了解她,他所追求的与其说是真实的她,不如说是他自己心目中一个理想化和诗化了的人物。"

梁从诫在《我的母亲林徽因》中写道:

与徐志摩在伦敦初遇

我父亲是一位建筑学家。世人多以为我母亲后来也进入建筑领域,是受我父亲的影响,其实是不对的。母亲读中学时,到一位同学家玩,同学的父亲是一位建筑师,正在画图,当时中国没有这个行当,这是她生平第一次看到建筑绘图。画一个图样,为人盖房子,这事使母亲着迷。她后来说,把艺术创造和人们的生活需要结合起来,这就是她想做的事。若干年后,她和父亲一同出国学习建筑,不是没有原因的。

外祖父林长民和祖父梁启超两家是通家之好,母亲很早就认识了梁家的长子、后来成为我父亲的梁思成,那时他刚入清华大学就读,在亲友的眼里,不仅两个年轻人很匹配,而两个家庭,一是司法总长,一是财政总长,更是门当户对。不过两人年纪都轻,两家没有很认真的谈过。

一九二一年,外祖父在北洋政府受到排挤,被迫"出国考察",就带着母亲去伦敦。碰到在剑桥读书的徐志摩,徐对母亲一往情深,为她写了很多诗,又从伦敦追回北京。这件事,成为中国文学史上的著名"事件",直到现在,还受到大家的谈论。当时也在伦敦的一位留学生张奚若,是徐志摩的朋友,后来也成为母亲的朋友。他回忆说,徐志摩常邀他去"和林长民先生聊天"。到了林家,稍事周旋后,徐志摩就不见了,剩下他一个人对付林长民。起先他颇为不解,后来听到内间谈笑之声,这才恍然大悟，原来徐志摩拿他当幌子，让他缠住林老先生，而徐自己去找林大小姐去了。

这几十年来，很多人相信市井间流传的故事，认为林徽因对徐志摩态度模棱两可，害得徐单恋多年，最后还为了赶去听她演讲而摔了飞机，言下多少有点责怪林徽因"玩弄"了徐志摩的感情，这实在是一桩冤案，是不懂林徽因个性和为人的说法。大家只要看了上述文件，自会有公平的论断。尤其是给胡适的信，最具可信性。胡当时是北京文化圈公认的领袖，是徐志摩的好朋友，也是梁启超、林长民的朋友和弟子；小胡适十多岁的林徽因，以师友视胡适，一向尊重和信赖他，不会对他言不由衷。

梁从诫在《不重合的圆》一书中写道：

"关于林、徐之间的感情关系，几十年来都是社会上一些人喜欢议论的话题。但也可以说，这是一个带有悲剧色彩的故事。其悲剧性就在于：作为诗人，他们在志趣上是那样投合，徐对林又是那样一往情深，但两人却不仅始终无缘，而且事实表明，他们本来就不可能走上同一条生活道路。可以说，徐志摩的精神追求，林徽因后来是完全理解的，而反过来，林徽因所追求的，却未必都能得到徐的理解，更谈不到专业性的支持。从古建筑研究和美术创作的角度看，林徽因和梁思成是天生的搭档。虽然梁思成不搞文学，但抗战前那几年，林徽因在古建研究方面的成就不仅没有妨碍她的文学活动，而且实际上两者相得益彰，使她在两个方面都取得了相当辉煌的成绩。但如果真是徐志摩和林徽因生活到了一起，那么，我们就肯定不会有——如最后她的墓碑所铭刻的——'建筑师林徽因'了；而生活里没有了建筑和美术活动，又会有我们所认识的这个'诗人林徽因'吗？回顾徐志摩的一生，可以看出，他是一个易受情绪支配，充满幻想，有时甚至放浪形骸之外的浪漫主义者；而林徽因在精神上却比他保守，比他更务实。她在少年时代就一心要以'把美术创作与日常生活需要结合起来'的'建筑学为自己的终身事业'。说明了她气质上和徐诗人之不同。"又说："徐志摩的诗人生涯，可以说是伦敦邂逅林徽因之后开始的，在随之经历了巨大的感情波澜和生活挫折之后，他生命之路的终结，竟又是为了赶去听林徽因关于古建筑的一场学术报告。这是不幸的巧合呢还是天意？"

徐家的观点整理如下：

陈从周在《徐志摩年谱》1922年志摩离婚条下特加按语说："是年林徽因在英，与志摩有论婚嫁之意，林谓必先与夫人张幼仪离婚后始可，故志摩出是举，他对于徽因倾倒之极，即此可见。"而宗孟曾说："论中西文学及品貌，当世女子舍其女莫属。后以小误会，两人暂告不欢，志摩就转舵追求陆小曼，非初衷也。"这是徐、林恋情关系的最早记载。

陈从周与徐志摩两家自他们的祖父辈就相识并友善，陈从周的二嫂是徐志摩的堂妹，徐志摩的表妹蒋定是陈从周的夫人，故有"三代相交，双重姻亲"之称。不过徐志摩去世那年陈只有十四岁，因感念诗人的才华和命运，立志为徐志摩撰写一部年谱，使诗人史料不致湮没于世，后终于撰成《徐志摩年谱》一书。

陈子善说，林与徐发生过爱情故事是正常的，否则便是不可思议的。他说："尽管徐志摩的有关日记至今下落不明，尽管徐、林之间的通信仅有两封幸存于世，但根据现存史料，还是不难梳理两人之间的情感历程。 徐志摩在剑桥留学时对林徽因一见钟情，决心'于茫茫人海中访我唯一灵魂之伴侣'，而林徽因同样也爱上了徐志摩。"林徽因走后，金岳霖一直保持着沉默。 哪怕在自己的晚年，人事风景都看透，他依然对徽因的爱守口如瓶。

金岳霖面对采访者更是如此明言："我所有的话，都应该同她自己说，我不能（与别人）说，我没有机会同她自己说的话，我不愿意说，也不愿意有这种话。"

许多于自己而言宝贵的东西，一经出口，或违背本意，或失去珍重的分量，还是珍藏在心中，带进坟墓里，成为骨子里的一部分，才永远不会被他人掂量。

他的爱是如此深沉。

金岳霖晚年回忆起林徽因的病和死："林徽因死在同仁医院，就在过去哈德门的附近。 对她的死，我的心情难以描述。 追悼会是在贤良寺开的，我很悲哀，我的眼泪没有停过……"

金岳霖又说："对她的评价，可用一句话概括：'极赞欲何词'啊"。

"林徽因这个人了不起啊，她写了篇叫《窗子以外》还是《窗子以内》的文章，还有《在九十九度中》，那完全是反映劳动人民境况的，她的感觉比我们快多了。 她有多方面的才能，在建筑设计上也很有才干，参加过国徽和人民英雄纪念碑设计，不要抹杀了她其他方面的创作啊……"

金岳霖长期和梁、林二人做邻居，对待梁思成的孩子，更是视如己出，梁从诫亲切地称呼他为"金爸爸"。 在林徽因、梁思成相继过世之后，梁从诫承担起照看"金爸爸"的责任。

林徽因死后多年，一天金岳霖郑重其事地邀请一些至交好友到北京饭店赴宴，众人大感不解。 开席前他宣布说："今天是林徽因的生日！"

在所有关于金岳霖的逸闻趣事中，最引人注目的一件事是他终生未娶。好事者们阐释的版本相当一致：他一直恋着建筑学家兼诗人林徽因。

林洙的回忆录中写道：

> 我忽然想起，社会上流传的关于金岳霖为了林徽因终身不娶的故事，就问梁公，是不是真有这回事。
>
> 梁公笑了笑说："林徽因是个很特别的人，她的才华是多方面的。不管是文学、艺术、建筑乃至哲学她都有很深的修养。她能作为一个严谨的科学工作者，和我一同到村野僻壤去调查古建筑，测量平面爬梁上柱，做精确的分析比较；又能和徐志摩一起，用英语探讨英国古典文学或我国新诗创作。她具有哲学家的思维和高度概括事物的能力。"
>
> 他又笑了笑诙谐地说："所以做她的丈夫很不容易。中国有句俗话，'文章是自己的好，老婆是人家的好。'可是对我来说，老婆是自己的好，文章是老婆的好。我不否认和林徽因在一起有时很累，因为她的思想太活跃，和她在一起必须和她同样地反应敏捷才行，不然就跟不上她。
>
> "我们住在总布胡同时，老金就住在我们家的后院，但另有旁门出入。可能是在1932年，我从宝坻调查回来，徽因见到我时哭丧着脸说，她苦恼极了，因为她同时爱上了两个人，不知怎么办才好。她和我谈话时一点不像妻子和丈夫，却像个小妹妹在请哥哥拿主意。听到这事，我半天说不出话，一种无法形容的痛楚紧紧地抓住了我，我感到血液凝固了，连呼吸都困难。但是我也感谢徽因对我的信任和坦白。她没有把我当一个傻丈夫，怎么办？我想了一夜，我问自

己,林徽因到底和我生活幸福,还是和老金一起幸福?我把自己、老金、徽因三个人反复放在天平上衡量。我觉得尽管自己在文学艺术各方面都有一定的修养,但我缺少老金那哲学家的头脑,我认为自己不如老金。于是第二天我把想了一夜的结论告诉徽因,我说,她是自由的,如果她选择了老金,我祝愿他们永远幸福。我们都哭了。过几天徽因告诉我说:她把我的话告诉了老金。老金的回答是:'看来思成是真正爱你的,我不能去伤害一个真正爱你的人,我应当退出。'从那次谈话以后,我再没有和徽因谈过这件事,因为我相信老金是个说到做到的人,徽因也是个诚实的人。后来的事实也证明了这一点。所以我们三个人始终是好朋友。我自己在工作上遇到难题,也常常去请教老金。甚至我和徽因吵架也常要老金来'仲裁',因为他总是那么理性,把我们因为情绪激动而搞糊涂了的问题分析得清清楚楚。"

林徽因去世后,因其参加国徽和人民英雄纪念碑设计有贡献,建坟立碑,安葬于八宝山革命公墓二墓区。梁思成因其生前是全国人大常委,骨灰安放于党和国家领导人专用骨灰堂,跟林徽因墓只一步之遥。最后去世的金岳霖,骨灰也安放于八宝山革命公墓。他们三个,在另一个世界里,又毗邻而居了。